Tâches d'encre

Cours de composition

H. Jay Siskin
Brandeis University

Cheryl L. Krueger
University of Virginia

Maryse Fauvel
College of William and Mary

D. C. Heath and Company
Lexington, Massachusetts   Toronto

Address editorial correspondence to

D. C. Heath and Company
125 Spring Street
Lexington, MA 02173

Acquisitions Editor: Denise St. Jean
Developmental Editor: Katherine Gilbert
Production Editor: Martha Wetherill
Designer: Jan Shapiro
Photo Researchers: Kathy Carcia and Mary Stewart Lang
Production Coordinator: Richard Tonachel
Permissions Editor: Margaret Roll

Cover: Matisse, Henri, *The Thousand and One Nights,* detail, 1950. The Carnegie Museum of Art. Acquired through the generosity of the Sarah Mellon Scaife family, 71.23.

Published simultaneously in Canada.

Printed in the United States of America.

International Standard Book Number: 0-669-32707-7

Library of Congress Catalog Number: 95-68409

10 9 8 7 6 5 4 3 2 1

● TO THE STUDENT

Tâches d'encre is an advanced composition text intended for students who have completed two years of college-level study of French. It can be used as the basis of study for one-semester or full-year courses.

The goal of the book is to improve your written expression as you grow more at ease with a variety of writing tasks. Writing can be considered both as a process and a product. As a process, it involves a number of steps that often overlap: thinking, planning, revising, and editing. The written product is judged by the richness, appropriateness, and precision of its vocabulary and style as well as its grammatical accuracy. In this book, you will be practicing the writing process and acquiring the tools to perfect the final product.

Text Organization

Tâches d'encre is divided into nine chapters. The *Chapitre préliminaire* is intended to prepare you to start thinking about your own writing style. It contains an **individual writing survey,** an introduction to the **process of writing,** and a guide to **resources** you will need to write more easily and effectively.

The remaining eight chapters each explore a linguistic function and/or genre. A **linguistic function** is what you *do* with language: when you write, you *describe, narrate, persuade,* and so on. Each of these verbs represents a function of language studied in *Tâches d'encre.* (See Chapters 2, 3, and 4.) A **genre** is a particular text type with its own traditions, conventions, and characteristics. A *portrait,* a *dissertation,* an *explication de texte,* a review, and a letter are examples of genres (studied in Chapters 1, 5, 6, 7, and 8).

Each chapter is divided into five sections that are described below.

Chapter Organization

Each chapter begins with an introductory passage describing a particular linguistic function or genre that is then illustrated through one or two model texts. The model text is preceded (where applicable) by a brief introduction to the author, then by a pre-reading discussion section designed to help you start thinking about the subject of the text and the genre or function it represents. As you read this model text, look for the characteristics of the genre or function just described. Immediately after reading the text, you will be asked to write down some reactions to it in a section called *Réflexions.*

Next follow three sets of questions that will help you to refine your critical thinking skills. In the first, *Compréhension du texte,* your understanding of the text's content is checked. The *Analyse structurelle* guides your analysis of the text's organization. Finally, the *Analyse stylistique* sensitizes you to vocabulary choices and stylistic variation. These analyses introduce you to aspects of the writing process that will be expanded on in the following sections.

LES ACTES DE PAROLE

This section presents and helps you practice expressions that support a genre or linguistic function. For example, when you write a portrait, you will need expressions for describing. These may include adjectives *(red-haired, short),* adverbs *(quickly),* or comparisons *(slow as molasses).* When you narrate, you will need to talk about time frames *(yesterday, today, tomorrow)* and chronological ordering *(first of all, finally).*

The exercises interspersed throughout this section will give you a head start on your writing task by providing you with opportunities to practice new vocabulary in contexts similar to those of your final writing assignment.

LA STYLISTIQUE

To engage and hold a reader's attention, you will need to make your style as expressive as possible. This is accomplished through an interplay of vocabulary and structural variety. In this section, you are given a full range of expressions that will allow you to avoid repetition, to create striking images, and to enrich your vocabulary resources.

As in *Les actes de parole*, the exercises within this section give you the opportunity to practice new elements in context.

VOCABULAIRE

In this section, you are provided with additional vocabulary you will need for your structured writing assignment along with exercises to practice it.

MISE EN PRATIQUE

In this section, you will rehearse the writing process. You are given a topic and, through a series of questions, you are asked to plan the organization and execution of a piece of writing showing your mastery of the genre or linguistic function of the chapter. Do not skip these prewriting activities. They will facilitate your writing by helping you plan, organize, and compose, while keeping your reader in mind. When you are ready to draft your text, you will have much of the vocabulary you need and your text will have an organization and direction.

ÉCRIVEZ

Finally, you are asked to develop your text using a five-step process: drafting, rereading, vocabulary consolidation, peer-editing, and production of the final copy. Your instructor will give you further guidance for these steps. You will find the writing process surprisingly smooth after your thorough preparation.

ÉCRITURE LIBRE

The goal of this section is to help you become as comfortable as possible with the writing process. You will be asked to write on a topic that is personalized and/or based on pictures or documents. You will be asked to write as much as you can, concentrating on content and trying to be as accurate as possible. At this point, it is more important for you to communicate your point of view than to worry unduly about linguistic errors. You should feel free to create a text of substantial length and high interest level for the reader.

Your Journal

Most of the answers to exercises and shorter writing assignments in *Tâches d'encre* can be written directly in the textbook. Longer assignments, indicated by the symbol ✍, should be written in a journal. We suggest purchasing a ring-bound or spiral notebook for this purpose. Be sure to date each journal entry and to include the text page from which the assignment was taken. Write on every other line and leave wide margins so you will have plenty of room for corrections. Write on only one side of the paper so that assignments can be easily photocopied for group activities.

By keeping a separate journal, you will have your earlier drafts handy for the revision process. You will also be able to review your work and track your progress. You may also want to use this notebook for any free writing you perform.

Dictionnaire personnel

Throughout the chapter, you are presented with new vocabulary to help you present your point of view, develop a richer descriptive "palette," or sharpen your critical expression. Of this new vocabulary, you will be asked to record those words that seem especially useful in a *dictionnaire personnel* that you will keep in the back of your journal. For this dictionary, you should select words that are used in frequently occurring contexts *(avoir l'air ...)* or that relate to commonly discussed topics *(le racisme)* you would like to make part of your active vocabulary. Avoid rare or very technical terms. You will probably want to list at least ten to fifteen words per chapter.

To create your dictionary, write one of the following headings at the top of the last six pages of your journal: *Noms, Verbes, Adverbes et adjectifs, Prépositions et conjonctions, Expressions utiles, Expressions utiles (suite)*. Record entries under the appropriate heading. When you record your entries, include the gender for each noun, cite the verb in the infinitive form, including any preposition used to introduce a complement, and give both the masculine and feminine form of adjectives. After each entry, note the chapter in which the word was first introduced. Here are some model entries to guide your work:

Noms:	le harcèlement sexuel (4)
Verbes:	s'agir (il s'agit de) (6)
Adjectifs:	chaleureux (-euse) (1)

Your instructor will be checking your dictionary each time you turn in your journal. Commit these words to memory and try to practice them in future assignments to reinforce their use and meaning.

Acknowledgments

We would like to express our appreciation to the members of the editorial staff at D. C. Heath for their invaluable work and advice. We would especially like to thank Denise St. Jean, Senior Acquisitions Editor, for her expert guidance and unflagging support; Katherine Gilbert, Senior Developmental Editor, for her rigorous editing and insightful feedback; and Martha Wetherill, Production Editor, whose careful work helped us to successfully complete this project. We also would like to thank Vincent P. Duggan, the former Editorial Director, for encouraging us to undertake this project.

H. Jay Siskin expresses his gratitude to his parents, David and Frances Siskin, to his brother Jan, to his colleagues Robert L. Davis and Barbara K. Altmann, and to his friends, particularly Gregory P. Trauth, for their support. Cheryl L. Krueger would like to acknowledge the help and support of her friends, colleagues, and students at the University of Virginia. Maryse Fauvel extends her thanks to her friends and family who supported her throughout this project.

In addition, we would like to acknowledge the contributions of the following colleagues who reviewed the manuscript at various stages of development:

Carmeta Abbott, University of Waterloo–St. Jerome's College
Rosalie M. Cheatham, University of Arkansas at Little Rock
Jeanne K. Hageman, University of Alaska, Fairbanks
Sharon Norlander, Bethel College
Renée Norrell, Birmingham Southern College
Pauline Pearson-Stamps, Mississippi State University
Christine M. Probes, University of South Florida
Patricia J. Siegel, State University of New York College at Brockport
Rosalie Vermette, Indiana University–Purdue University at Indianapolis
John H. Williams, Pepperdine University
Richard C. Williamson, Bates College
J. Thomas York, University of Nebraska at Kearney

H. Jay Siskin
Cheryl L. Krueger
Maryse Fauvel

Appendices

Chapitre préliminaire

VERS LA COMPOSITION

Writing probably plays a more important role in your personal, academic, and professional life than you realize. The following questions are designed to bring to light your feelings about writing and its role in your life. Complete the following individual writing survey. In most cases, you will probably check more than one response, and even add information to the end of each list. Once you have finished, compare and discuss answers with a classmate and share your ideas with the entire class.

INDIVIDUAL WRITING SURVEY

Appreciating Writing

1. When you are reading for *information,* which of the following are most important to you?

   ❏ a title that accurately announces the topic treated

   ❏ clear topic sentences[1]

   ❏ clear transitions[2]

   ❏ good examples

   ❏ concise style

   ❏ accurate choice of words

   ❏ engaging style

   ❏ _____

   ❏ _____

2. What qualities do you appreciate when reading fiction, poetry, or literature in general?

   ❏ the beauty of the language

   ❏ a good plot

   ❏ engaging characters

   ❏ a concise style

   ❏ a rich, intricate style

   ❏ themes that matter to me

   ❏ suspense

   ❏ I like to have to make connections myself.

   ❏ I like everything to be clearly explained.

   ❏ innovations in form and content

   ❏ _____

   ❏ _____

---

1. A topic sentence is an initial statement in a paragraph that introduces the idea that will be developed throughout the paragraph.
2. Transitions are expressions that relate one idea to another. Examples are: *Either . . . or; In the first place . . . in the second place; Furthermore; Moreover.*

3. Which of these sentences best describe your feelings about the written correspondence you receive?

☐ I love to read letters from friends.

☐ Letters sometimes make me feel closer to my friends than phone calls.

☐ I enjoy letters from friends even if they have no news to report or nothing urgent to say.

☐ I like business letters that get right to the point.

☐ I worry when I receive a letter or memo from a boss/teacher/administrator.

☐ I would rather be given negative criticism in writing.

☐ I would rather be given positive feedback in writing.

☐ _____

☐ _____

Appreciating Your Own Writing

4. How often do you write in your native language?

☐ several times each day

☐ at least once a day

☐ several times a week

☐ at least once a week

☐ a few times each month

☐ very rarely

☐ as seldom as possible

☐ _____

☐ _____

5. For what purposes do you write in your native language?

☐ to plan and organize (e.g., shopping lists, daily agenda)

☐ to take messages

☐ to correspond with friends and family (e.g., postcards, letters)

☐ to correspond with colleagues, administrators, etc. (e.g., business letters, memos)

☐ for pleasure or self-fulfillment (e.g., a personal journal)

☐ to practice a literary form (e.g., fiction, poetry)

☐ to register information (e.g., note-taking on articles and lectures)

☐ _____

☐ _____

6. Think of the professions that interest you. Which of the following writing tasks will they require?

   ❑ reports

   ❑ memos

   ❑ briefs

   ❑ professional papers and presentations

   ❑ creative writing

   ❑ correspondence

7. Why do you write in French?

   ❑ to fulfill academic course requirements (essays, papers, compositions, etc.)

   ❑ to correspond by letter or electronic mail with other French speakers

   ❑ pleasure

   ❑ practice

   ❑ _____

   ❑ _____

8. How will you most likely use written French in the future?

   ❑ application forms for jobs abroad

   ❑ application forms for study programs

   ❑ papers and exams for courses abroad

   ❑ professional memos, letters, reports, etc.

   ❑ personal correspondence

   ❑ undergraduate or graduate courses

   ❑ _____

   ❑ _____

9. What do you and others find to be your strong points when writing in French and/or your native language?

   ❑ _____

   ❑ _____

   ❑ _____

   ❑ _____

10. What are your weaker points in writing?

   ❑ _____

   ❑ _____

   ❑ _____

   ❑ _____

Your Writing Process

11. Which of the following statements best describe your physical approach to writing tasks?

❑   I like to be alone when I write.

❑   I like to be around other people who are writing/studying.

❑   I don't mind distractions as I write.

❑   I like to play music when I work.

❑   I must write indoors.

❑   I need absolute silence when I write.

❑   I like to talk about what I'm writing.

❑   I eat while I write.

❑   I drink a beverage when I write.

❑   I need a clean desk to work.

❑   I use dictionaries when I write.

❑   I use a textbook or grammar book when I write.

❑   I have to use a word processor.

❑   I have to use a pen and paper.

❑   I begin with pen and paper, and eventually use a word processor.

❑   _____

❑   _____

Rewriting and Editing

12. Which of the following statements best describe your drafting and editing processes?

❑   I like to write papers and compositions in one sitting, from beginning to end.

❑   I like to begin with a general outline and gradually refine it and complete it as I write each draft.

❑   I like to read over what I've written as I go along.

❑   I look up spellings and other details as I go along.

❑   Once all of the content is there, I add transition sentences.

❑   I check spelling and grammar once I feel the assignment is finished.

❑   I like to have a friend or classmate read over my papers to make sure they are clear.

❑   I like to put all of my ideas on paper, then I organize them.

❑   I try to make what I write clear and interesting to the reader.

❑   Once I write something down, I don't like to look at it again.

❑   _____

❑   _____

THE PROCESS OF WRITING

Getting Started

As the Individual Writing Survey you have just completed demonstrates, the writing process actually starts well before you set out to accomplish a particular writing task. As a reader, you have formulated opinions on what constitutes quality writing. As a student, you have already discovered certain techniques that work well for you. If you have not tried to approach writing as a process before, this is your chance. Your instructor will determine how many drafts you should turn in, but remember that in the long run you will benefit from rewriting and rereading your work as often as you can.

Your Personal Writing Style

Students and instructors alike often think of writing as a finished product: a creative composition, an essay, a term paper, an exam section. For this reason, writers often feel overwhelmed by what seems to be an insurmountable task. Indeed, the prospect of turning a blank page or screen into a completed paper or composition in just one sitting is enough to panic the most confident student. Add to this the difficulties of expressing thoughts in a second language, and it is no wonder writing in French sometimes appears to be a forbidding challenge.

The first step to better writing is to focus your energy on the process that leads to the final, polished product. Whatever your personal approach to writing, research shows that certain techniques will help you write better and more easily in French as well as in your native language. Writing, like playing a musical instrument or succeeding in a sport, takes practice. It helps a great deal to study music theory and to read about running form, but as you probably know from experience, if you don't actually play the piano or run those miles, you will not perfect the skill. The same goes for writing. To write better and more easily you should write often. If you are studying French literature, try keeping a journal of your reactions to each chapter you read. Or keep a daily journal in French, just for yourself. Write to express your ideas or to record events, without worrying about proper grammar and spelling.

As the Individual Writing Survey demonstrates, no two writers handle the writing task in exactly the same way. You may like to do all of your writing on a word processor. Perhaps you feel more in touch using the pen and paper until the final draft. You may need silence, relaxing music, solitude, or the sensation of people working around you. Continue to indulge in whichever habits and rituals make the writing process more pleasant for you, as long as they are not veiled procrastination devices.

Writing Drafts and Editing Your Work

If you are writing for an audience—a teacher, fellow students, colleagues—you will eventually have to check vocabulary, grammar, and spelling. Naturally, this editing stage will take more time in French than in your native language. This does not mean, however, that you should check each word as you write. Instead, devote the first drafts of your papers and compositions to recording and organizing your thoughts. Concentrate on developing your ideas, stating them clearly, cleverly, convincingly, or attractively, depending on the task. Check grammar and spelling once you are satisfied with the content and organization.

Successful writers begin with lists and outlines. These written notes work as a scaffolding: gradually the spaces are filled in, covered, and polished. Unlike an architectural structure, a written text—particularly one composed on a word processor— may be easily transformed. Don't be afraid to revise and improve your outline as you go along. And above all, write every list, every outline, every draft, in French. As you probably know by now, translating sentences directly from English usually leads to stilted, often incomprehensible written French.

Rereading Your Work

Part of the writing process involves putting yourself in the place of the eventual reader. Take some time between rewrites to read over your work objectively. Underline sentences you may need to rework later. Make notes to yourself, indicate words you need to look up in French. Successful writers reread their work often.

Peer Editing

You may wish to exchange your work with a classmate's to seek feedback on your writing. This activity has several advantages: by responding to your peer's comments about form and content, you will be able to communicate more effectively with him/her and your eventual audience. You will receive concrete advice to help you refine your drafts and to aid you in the self-editing process. Conversely, as you read a classmate's work, you will be able to take a careful look at how others handle writing assignments. When you assume the role of an active, critical reader, your reflections will help you improve your own writing.

RESOURCES

The most valuable resource for the writing task is your own knowledge of the French language and the writing process. Do not underestimate your ability to write in French. You can already express many advanced-level concepts. Do not expect, however, to write with equal depth of expression and ease as in your native language. While these abilities will develop in time, this expectation may lead you to become too ambitious in your writing. The danger here is that you may abandon composing and resort to translating. As you work your way through the text, you will find that performing all the activities in the chapter, in particular the pre-writing activities in the section entitled *Mise en pratique*, will provide you with most of the vocabulary and structural tools necessary to produce a clear and well organized essay that will hold a reader's attention.

You may occasionally need to use vocabulary that you have not yet learned. The most helpful resources for writing are:

- a bilingual (French–English / English–French) dictionary
- a French–French dictionary
- a dictionary of synonyms
- a reference grammar

But before consulting these resources, think of alternate ways of expressing the idea in English. Use synonyms or paraphrases that may lead you to think of possible equivalents in French. For example, you wish to say that you are "eager" or "anxious" to undertake a project. Refine the sense of these two words: do you mean "ready"? "impatient"? "fearful"? "enthusiastic"? Decide and then choose from *prêt(e), impatient(e), avoir peur de, enthousiaste,* or other French expressions that convey the desired nuance.

Using a Bilingual Dictionary

Bilingual dictionaries vary in completeness and quality. A good dictionary will transcribe the pronunciation of a word in phonetic symbols; identify parts of speech; give gender, feminine, and plural forms where not predictable; identify the context and register for alternative equivalents; and contain brief observations on form and usage. The dictionary may also include verb tables and a short reference grammar. Your instructor can recommend some useful titles for you.

When you look at a bilingual dictionary entry, note carefully the *part of speech, context,* and *register* of the alternatives suggested to you. For example, if you look up "anger," you may find the following entry:

> **anger:** n. colère *f.;* courroux, emportement *m.*
> v.tr. mettre en colère, courroucer.[3]

In order to choose an equivalent, you will first have to determine whether you want to use the noun "anger" or the transitive verb "to anger."

Once you have determined the part of speech you need, consider the alternatives. What is the difference in meaning between *colère, courroux,* and *emportement?* In order to determine this difference, look up each word in the French–English part of the dictionary until you have found the one that best corresponds to the sense you wish to communicate. Doing this, we find:

> **colère:** anger, passion;
> **courroux:** wrath, ire;
> **emportement:** anger, fury.[4]

At this point, your choice may be clear. However, should you still have doubts as to the best equivalent, you will need to turn to a French–French dictionary.

The French–French Dictionary

A French–French dictionary will define a word in French and give the parameters of its usage illustrated by examples. Using the same examples, we find the following listings in *Le Petit Robert,* a widely-used French–French dictionary:[5]

> **colère:** Violent mécontentement accompagné d'agressivité; [...] *Accès, crise, mouvement de colère. Être rouge, blême de colère; suffoquer, trembler, trépigner de colère. Parler avec colère.*
>
> **courroux:** *Littér.* Irritation véhémente contre un offenseur. [...] *«Ce mot qui, chez nous, exprime le courroux, le désespoir, la rébellion»* (DUHAM.)
>
> **emportement:** 1° *Vieilli.* Élan, transport. [...] 2° *Mod.* Violent mouvement de colère.

These entries give a much clearer idea of the range in meaning and usage of these three words. In particular, we find that *courroux* is a literary form. In addition to the indication *littér.,* a passage from the author Duhamel is used to illustrate its meaning. We find that the meaning of *emportement* has changed over time. Its modern meaning (preceded by the abbreviation *mod.*) is a closer synonym of *colère* than its older usage (labeled *vieilli*).

The Dictionary of Synonyms

To avoid repetition of the same word or to seek variety in your written expression, you may wish to use a synonym dictionary. The precise nuance of these synonyms will need to be pinned down through the use of a French–French dictionary. If, for example, *colère, courroux,* and *emportement* were listed as synonyms, a French–French dictionary would clarify their meaning for you.

---

3. *Dictionnaire Larousse français–anglais* (Paris: Dictionnaires Larousse, 1981).

4. *Ibid.*

5. *Le Petit Robert* (Paris: Dictionnaires Le Robert, 1991).

A Reference Grammar

In your editing, proofreading, correcting, and revising, a reference grammar is indispensable. Check a reference grammar when you have questions about verb conjugations, rules for adjective and past participle agreement, pronoun usage, etc. You may wish to establish a checklist of areas in which you have experienced difficulties and systematically check these items in a reference grammar.

MISE EN PRATIQUE

Using the resources discussed above, complete the following exercises.

A. **The importance of context.**   The multiple meanings of a single word in one language may be rendered by a variety of forms in another. Using the reference materials described above, find an appropriate equivalent in French for the word "way" as used in the following contexts.

1. Which way do I turn? Left or right?

   _____

2. Do you know the way to the mall from here?

   _____

3. You got a new car? No way!

   _____

4. You paid way too much for those jeans!

   _____

5. I like the way he dances.

   _____

6. Where there's a will there's a way.

   _____

7. I knew him way back when.

   _____

B. **Troublesome words.**   Certain words and expressions may become problematic as you seek their equivalents in French. How would you express the following in French?

1. "Oh, fiddlesticks," said Aunt Bertha.

   _____

2. Have fun, kids!

   _____

3. I didn't understand what the play was about because the plot was confusing.

_____

4. There's an apple tree in the back yard.

_____

5. I didn't expect to be challenged by this exercise.

_____

Chapitre

LE PORTRAIT

Dans un portrait, un être humain (ou un animal) est étudié dans ses formes, sa personnalité, son milieu, ses fonctions, les sentiments qu'il inspire aux autres comme dans les réactions provoquées chez lui par l'attitude des autres.

Un portrait doit aussi traduire une activité, un échange entre le modèle et le portraitiste. Le choix des détails comme celui des mots y importe pour ne pas laisser le lecteur indifférent.

SUR L'AUTEUR ...

Né à Paris en 1924, Michel Tournier est à la fois philosophe, traducteur, homme de radio et romancier. Son écriture est classique dans sa rigueur et sa pureté. Le talent de Tournier se révèle dans son art de conteur de légendes et dans son utilisation de mythes européens, gréco-latins ou bibliques.

POUR DISCUTER

Pensez aux portraits visuels que vous avez vus. Lesquels avez-vous appréciés le plus? Et le moins? En quoi le portrait écrit se différencie-t-il du portrait photographique ou en peinture? Pourquoi le portrait écrit est-il important dans les textes de fiction? Dans quelle mesure le portrait (visuel ou écrit) peut-il représenter non seulement l'aspect physique d'une personne mais aussi son caractère?

Michel Tournier
— PORTRAIT DE NESTOR —

Abel Tiffauges, garagiste parisien, narrateur du *Roi des Aulnes*, évoque dans un journal (qui constitue le début du livre) sa récente rupture d'avec sa compagne Rachel et ses souvenirs d'école, où il était le souffre-douleur d'un des élèves. Son goût pour le bizarre, le monstrueux, l'inattendu l'avait rapproché d'un autre élève, Nestor, «enfant monstrueux, d'une précocité effrayante, d'une puérilité déconcertante». Le passage suivant en livre son portrait.

1   Nestor était le fils unique du concierge de l'établissement. Quiconque a connu ce genre d'institution mesurera aussitôt le pouvoir que lui conférait cette circonstance. Habitant à la fois chez ses parents et dans le collège,[1] il cumulait les avantages des internes[2] et ceux des externes.[3] Souvent chargé par son père de menues tâches domestiques, il circulait à sa guise dans tous les bâtiments, et possédait les clés de presque 5 toutes les portes, cependant qu'il était libre de sortir «en ville», en dehors des heures de cours et d'études.

2   Mais tout cela n'aurait rien été encore, s'il n'avait pas été justement Nestor. Avec le recul des années, je me pose à son sujet des questions qui ne m'effleuraient° pas   come to mind
quand j'étais son ami. Être monstrueux, génial°, féerique, était-ce un adulte nain, 10   ingenious
bloqué dans son développement à la taille d'un enfant, était-ce au contraire un bébé géant, comme sa silhouette le suggérait? Je ne saurais le dire. Ceux de ses propos que ma mémoire reconstitue — plus ou moins fidèlement peut-être — témoigneraient d'une stupéfiante précocité, s'il était prouvé que Nestor eût[4] l'âge de ses condisciples. Mais rien n'est moins certain, et il n'est pas exclu qu'il fût au contraire un attardé, un 15

---

1. collège: l'institution qui suit l'école primaire, avant le lycée, pour les élèves de 12 à 15 ans.
2. interne: élève qui réside au collège.
3. externe: élève qui réside chez lui.
4. Cet emploi du *plus-que-parfait du subjonctif* est expliqué dans l'appendice «Les Temps littéraires» à la fin du livre. Remarquez les deux autres exemples de ce temps dans ce paragraphe: *fût* (ligne 15) et *échappât* (ligne 19).

demeuré, un installé à demeure dans l'enfance, né au collège et condamné à y rester. Au milieu de ces incertitudes, un mot s'impose que je ne retiendrai pas davantage dans ma plume: intemporel. J'ai parlé d'éternité à mon propre sujet. Rien d'étonnant dès lors que Nestor — dont je procède indiscutablement — échappât comme moi-même à la mesure du temps … 20

3   Il était très gros, obèse à vrai dire, ce qui donnait à tous ses gestes, à sa démarche même une lenteur majestueuse, et le rendait redoutable par sa masse dans les échauf-fourées°. Il ne tolérait pas la chaleur, se couvrait à peine par grand froid et transpirait sans cesse le reste de l'année. Comme encombré par son intelligence et sa mémoire anormales il parlait lentement, avec une componction doctorale, étudiée, fabriquée, 25 sans l'ombre de naturel, levant volontiers l'index lorsqu'il proférait une formule que nous nous accordions à trouver admirable, sans y comprendre goutte°. J'ai d'abord cru qu'il ne s'exprimait que par des citations glanées° dans ses lectures, puis je suis entré dans son orbite, et j'ai compris mon erreur. Son autorité sur tous les élèves était indis-cutée, et les maîtres eux-mêmes paraissaient le craindre, et lui concédaient des priv- 30 ilèges qui m'avaient paru exorbitants au début, alors que j'ignorais qui il était.

4   La première manifestation de cette situation privilégiée dont j'avais été témoin m'avait paru, il est vrai, d'une irrésistible drôlerie, parce que je n'étais pas encore sen-sible à l'aura redoutable qui entourait tout ce qui le concernait. Dans chaque classe, une caisse peinte en noir, posée au pied de la chaire du maître, servait de corbeille à 35 papier. Lorsqu'un élève voulait se rendre aux latrines, il en demandait la permission en levant deux doigts en V. Sur un signe de tête affirmatif du surveillant ou du maître, il se dirigeait vers la caisse, y opérait un rapide plongeon et gagnait la porte, une poignée de papiers à la main.

5   Que Nestor se dispensât[5] du signe en V convenu, c'est ce qui m'échappa au 40 début parce qu'il occupait une place au fond de la classe. Mais je fus d'emblée saisi de respect par la nonchalance avec laquelle il s'approcha de la caisse et par la scène qui suivit. Avec une attention maniaque, il entreprit d'examiner les divers échantillons de papier qui s'offraient en surface, puis apparemment peu satisfait de ce choix, il four-ragea° bruyamment dans la caisse pour mettre au jour des boules ou des déchirures° 45 plus anciennes qu'il éprouvait longuement, allant jusqu'à lire, semblait-il, ce qui y était écrit […]. «Ce qui compte pour lui [me dit mon voisin], ce n'est pas le papier lui-même, c'est ce qu'il y a écrit dessus, et qui l'a écrit.» Cette phrase — et bien d'autres dont j'es-saierai de me souvenir — cerne le mystère Nestor sans l'éclaircir.

6   Il avait un appétit hors du commun et j'en étais chaque jour témoin, car s'il dînait 50 le soir dans sa famille, il déjeunait à midi au réfectoire. Chaque table comprenait huit couverts et était placée sous la responsabilité d'un «chef de table» qui devait veiller à la juste distribution des parts. Par l'un de ces paradoxes qui ne cessèrent de me sur-prendre qu'au bout de plusieurs mois d'initiation, Nestor n'était pas chef de table. Mais il n'en profitait que mieux de la situation, car l'élève qui occupait cette fonction — 55 aussi bien d'ailleurs que le reste de la tablée — non seulement le laissait sans sour-ciller° faire basculer° un bon quart de chaque plat dans son assiette, mais l'entourait d'offrandes alimentaires, comme un dieu antique.

7   Nestor mangeait vite, sérieusement, laborieusement, s'interrompant seulement pour essuyer la sueur qui coulait de son front sur ses lunettes. Il y avait du Silène[6] en lui, 60 avec ses bajoues°, son ventre rond et sa large croupe°. La trilogie ingestion-digestion-défécation rythmait sa vie, et ces trois opérations étaient entourées du respect général.

— *tiré du Roi des Aulnes*

---

5. Un autre emploi du plus-que-parfait du subjonctif (voir note 4).

6. Silène: dans la mythologie grecque, nom du personnage qui passait pour avoir été le père nourricier de Dionysos (dieu de la vigne et du vin).

brawl, skirmish

a thing
gleaned

rummaged through /
scraps

to frown, knit one's brows
to tip

cheeks (*pejorative*) / rear-
end

RÉFLEXIONS

Dans votre journal, dessinez votre conception de Nestor et faites un petit portrait écrit de lui (portrait physique et moral). Connaissez-vous une personne qui lui ressemble?

COMPRÉHENSION DU TEXTE

1. Pourquoi Nestor avait-il tant de pouvoir? De quels avantages jouissait-il?

   _____

   _____

   _____

2. Par quelles contradictions est-ce que le narrateur décrit l'état physique/mental de Nestor? Quelle est sa conclusion?

   _____

   _____

   _____

3. Décrivez la façon de parler de Nestor (paragraphe 3).

   _____

   _____

   _____

4. Quelle était l'attitude des élèves et des maîtres envers Nestor?

   _____

   _____

   _____

5. Faites un résumé de l'anecdote racontée dans les paragraphes 4–5. Quels aspects du caractère de Nestor est-ce qu'elle nous révèle?

   _____

   _____

   _____

6. Bien que Nestor n'ait pas été chef de table, il bénéficiait néanmoins du système. Expliquez comment.

   _____

   _____

   _____

7. Comment est-ce que l'apparence physique de Nestor et la structure de sa vie reflétaient sa gloutonnerie?

_____

_____

_____

ANALYSE STRUCTURELLE

1. Quelle est la fonction du premier paragraphe?

_____

_____

_____

2. Dans quel paragraphe est-ce que le portrait commence?

_____

_____

3. Dans les paragraphes qui suivent, de quelle(s) sorte(s) de portrait (physique, psychologique, moral) s'agit-il? Identifiez les passages où le narrateur ébauche les différentes faces de Nestor et relevez les expressions dont il se sert.

_____

_____

_____

_____

4. Par quelle technique est-ce que le narrateur illustre les traits de caractère de Nestor qu'il vient d'énumérer? Dans quel(s) paragraphe(s) est-ce qu'il emploie cette technique?

_____

_____

_____

_____

5. Comment est-ce que les anecdotes reprennent et développent le portrait ébauché dans les paragraphes précédents?

_____

_____

_____

ANALYSE STYLISTIQUE

1. Les deux derniers paragraphes contiennent chacun une comparaison. Trouvez ces deux comparaisons et expliquez-les.

    _____

    _____

    _____

    Le lecteur était-il préparé à ces images? (Référez-vous en particulier à quelques sub-stantifs et adjectifs qui qualifient Nestor.) [N.B. Le nom Nestor vient du grec *Neo-storeos*, «qui vient de parler».]

    _____

    _____

    _____

2. Les questions dans le second paragraphe, «était-ce un adulte nain [...] était-ce au contraire un bébé géant?» annoncent l'utilisation d'images percutantes *(striking)*. Relevez-les dans les deuxième et troisième paragraphes en différenciant les catégories suivantes:

Traits physiques	Traits psychologiques/ mentaux	Personnalité

3. Quels sont les effets de ces images sur l'écrivain et sur le lecteur? Admiration? Amitié? Surprise? Humour? Dégoût?

    _____

    _____

    _____

4. Les trois principaux temps utilisés dans ce texte sont l'imparfait, le passé simple et le passé composé. Donnez-en des exemples et expliquez leur emploi.

    _____

    _____

    _____

    _____

5. Le narrateur pense *au présent* à cet ancien camarade de classe. Relevez des passages et expliquez les sentiments du narrateur à l'égard de Nestor. Son opinion a-t-elle évolué au fil du temps? Pour répondre, faites référence aux temps verbaux, mais également à d'autres expressions, en particulier dans le deuxième paragraphe, telles que «tout cela n'aurait rien été, si …», «rien n'est moins certain», «il n'est pas exclu que», «rien d'étonnant que».

_____

_____

_____

_____

_____

6. Le premier paragraphe situe Nestor dans son milieu. Montrez que cette description met déjà en relief certaines caractéristiques du portrait de Nestor, l'aspect hors du commun du personnage.

_____

_____

_____

7. Quel est le rôle de l'anecdote? Confirme-t-elle ou élargit-elle le portrait de Nestor? dans quelle mesure? Quel est l'effet de cette anecdote sur le narrateur, sur le lecteur?

_____

_____

_____

8. Un portrait bien construit a un «fil conducteur». Quel est ce fil conducteur ici? Quel titre donneriez-vous au texte pour mettre en valeur ce thème?

_____

_____

● LES ACTES DE PAROLE

Ce portrait

• situe Nestor dans son milieu,
• livre des traits physiques du personnage et dépeint sa personnalité,
• est illustré par une anecdote et des commentaires personnels et réactualisés du narrateur.

Les actes de parole et les groupements de vocabulaire suivants vous aideront à faire un portrait.

Pour raconter des souvenirs

Je me souviens encore du	
Je me rappelle le	
Je n'oublierai jamais le	jour où …
J'ai de très bons/mauvais souvenirs du	

Je ne suis pas certain(e) des détails, mais …
Si j'ai bonne mémoire …

Pour décrire l'aspect physique

La beauté

Il/Elle est	beau (belle), attrayant(e), charmant(e), ravissant(e), exquis(e), chic, élégant(e), cultivé(e), bien.

La laideur

Il/Elle est	vilain(e), affreux(-euse), hideux(-euse), laid(e), moche.

La taille, la stature

Ce personnage est	grand, petit, mince.
C'est un personnage	maigre, gros, corpulent, obèse.

Les membres

Ses membres (ses bras, ses jambes) sont	maigres, grêles, fin(e)s, délicat(e)s, long(ue)s, court(e)s, osseux(-se), doux(-ces), lisses.
Ses mains sont Il/Elle a les (des) mains	blanches, rugueuses, calleuses, crevassées.

La tête

Il/Elle a	le (un) visage	régulier, fin, allongé, carré, rond, plein, maigre, anguleux, osseux, ridé, pâle, barbu.
Il/Elle a	une figure	agréable, laide, sotte, intelligente.
Il/Elle a	les (des) yeux	en amande, enfoncés, saillants.
Ses yeux	sont	vifs, ardents, brillants, perçants, tristes, rieurs, malins, espiègles.
	rayonnent brillent	de joie. de colère.
Il/Elle a	le front le nez les lèvres les cheveux	haut, bas, large, étroit. droit, pointu, aquilin. minces, fines, épaisses, sensuelles. blonds, roux, châtains, bruns, gris, grisonnants, blancs, longs, courts, en brosse, bouclés, frisés, ondulés, lisses.
On a	bonne/mauvaise mine.	

La voix

Il/Elle a une voix	faible, forte, puissante.
Il/Elle parle d'une voix	basse, haute, rauque, claire, grave, aiguë, perçante.

Pour introduire les descriptions

Son visage	exprimait, témoignait d', démontrait, révélait, rayonnait d', cachait [une joie profonde].

Il/Elle avait un visage	où l'on voyait, aurait pu voir [de la tristesse].
L'homme	à la barbe, aux cheveux [roux] …
	que je viens d'évoquer, de décrire, de dépeindre …
	dont je viens de peindre le portrait, dont je parlais …
Son sourire	accentuait, soulignait, dissimulait, faisait oublier,
	rappelait, évoquait, contrastait avec, s'harmonisait avec
	[son mauvais caractère].
Sa corpulence nous	séduisait, impressionnait, étonnait, effrayait,
	horrifiait, choquait, amusait, distrayait, dégoûtait, attirait.
Elle était	pleine de bonne volonté.
	douée d'un esprit vif.
La bonne volonté	lui faisait défaut.
	n'était pas dans son caractère.
	ne correspondait pas à son caractère.
Elle manquait de (d')	générosité, courage, humour.

EXERCICES

A. **Transformez la phrase.** Variez l'expression en employant une des formules présentées ci-dessus.

> Dans son visage, on voyait une expression de fatigue.
> *Son visage exprimait la fatigue.*

1. J'étais impressionné par son talent.

   _____

   _____

2. Il n'était pas sincère.

   _____

   _____

3. J'ai vu son esprit ouvert dans ses gestes.

   _____

   _____

4. Je me rappelle le jour où il est arrivé.

   _____

   _____

5. Le petit enfant qui a les cheveux blonds est mon neveu.

   _____

   _____

6. Nous sommes choqués par son grand appétit.

_____

_____

7. Il avait beaucoup de talent.

_____

_____

8. Elles n'étaient pas créatrices.

_____

_____

9. Il a mauvais caractère.

_____

_____

10. L'homme dont je parle n'est pas parmi nous.

_____

_____

B. **Les âges de la vie.**   Regardez l'image suivante. Décrivez cette personne pendant son enfance, sa jeunesse et sa vieillesse. Utilisez les mots et expressions présentées ci-dessus. Variez vos expressions en employant des verbes autres que *avoir* et *être* chaque fois que c'est possible.

Pour décrire: la position des adjectifs

Les adjectifs se placent normalement après le substantif. Il existe néanmoins un groupe d'adjectifs qui précèdent toujours le substantif. Ce sont les adjectifs

- ordinaux (*premier, deuxième, etc.*).
- possessifs (*mon, ton, etc.*).
- démonstratifs (*ce, cette, etc.*).
- certains adjectifs de quantité (*chaque, plusieurs, tout*).

D'autres adjectifs placés devant le substantif sont: *beau, bon, court, dernier, gentil, grand, gros, jeune, joli, large, long, mauvais, petit, tel, vieux, vilain.*

Certains adjectifs changent de signification selon leur place dans la phrase. Étudiez le tableau suivant:

un ancien ami (*former*)	une ville ancienne (*ancient*)
une brave femme (*good, reliable*)	une femme brave (*courageous*)
une chère amie (*dear*)	un vase cher (*expensive*)
de différentes races (*various*)	des races différentes (*varying, divergent*)
un grand homme (*great*)	un homme grand (*tall*)
la même étudiante (*same*)	l'étudiante même (*very, itself*)
le pauvre type (*unfortunate*)	le type pauvre (*poor*)
sa propre voiture (*own*)	sa voiture propre (*clean*)
un sale politicien (*nasty*)	un appartement sale (*dirty*)
une seule personne (*only*)	une personne seule (*alone, lonely*)

EXERCICES

C. **La place de l'adjectif.** En vous servant du tableau ci-dessus, placez l'adjectif proposé avant ou après le substantif. N'oubliez pas de l'accorder avec le substantif.

1. Ce vieillard n'a pas d'amis. C'est un _____ homme _____ . (seul)

2. Ce criminel? Quel _____ type _____ . (sale)

3. J'adore Julie. C'est une _____ amie _____ . (cher)

4. La maison est en excellent état. Le _____ propriétaire _____ l'a bien entretenue. (ancien)

5. Ce général est très renommé. C'est un _____ homme _____ . (grand)

6. Cette famille n'a pas beaucoup d'argent. C'est une _____ famille

   _____ . (pauvre)

D. **Traduisez.**   Traduisez les phrases suivantes en français.

1. That poor guy! He leads a lonely existence.

   _____

2. Is it true that tall people are more successful?

   _____

3. I'll take my own car.

   _____

4. My dear friend Michael will see his former wife over the holidays.

   _____

5. It is the same apartment you had last year.

   _____

 E. **Un portrait.**   Faites le portrait physique de cette personne.

LA STYLISTIQUE

Pour varier l'expression

Le portrait de Nestor est riche de *pronoms relatifs* qui permettent d'introduire et de défi-
nir des caractéristiques détaillées. En voici quelques exemples:

> Le pouvoir *que* lui conférait cette circonstance ...
> Je me pose [...] des questions *qui* ne m'effleuraient pas quand j'étais son ami.
> Nestor *dont* je procède indiscutablement ...

… la nonchalance avec *laquelle* il s'approcha de la caisse …

… il était très gros, *ce qui* donnait à tous ses gestes une lenteur majestueuse.

Il est parfois possible de remplacer une proposition relative introduite par *qui* ou *que* par un participe passé:

Proposition relative → participe passé

(Une caisse peinte en noir, qui était posée au pied de la chaire →)
Une caisse peinte en noir, *posée* au pied de la chaire …

(Nestor, qui était souvent chargé par son père →)
Nestor, souvent *chargé* par son père …

Remarquez que cet emploi du participe passé non seulement évite l'emploi d'une proposition relative qui peut alourdir le style; il permet aussi la suppression du verbe *être*, verbe plat qui appauvrit l'expression.

Une autre technique pour qualifier un nom ou un pronom est l'emploi du participe présent. Employé seul, sans préposition,[7] il modifie un nom ou un pronom et indique la cause ou le résultat d'une action, ou une circonstance qui accompagne une action.

Proposition relative/forme conjuguée du verbe → participe présent

(Puisqu'il habitait à la fois chez ses parents et dans le collège →)
Habitant à la fois chez ses parents et dans le collège …

(Il parlait lentement, […] *et levait* volontiers l'index →)
Il parlait lentement, […] *levant* volontiers l'index …

(Nestor mangeait vite, […] *et s'interrompait* seulement pour essuyer […] ses
    lunettes →)
Nestor mangeait vite, […] *s'interrompant* seulement pour essuyer […] ses
    lunettes …

EXERCICES

F. **Le participe passé.**   Dans les phrases suivantes, remplacez la *proposition subordonnée* par un participe passé.

1. Le travail qui a été fait par cet artisan n'était pas de bonne qualité.

---

2. L'homme qui sera choisi devra assumer beaucoup de responsabilités.

---

7. Employé avec la préposition *en*, le participe présent exprime la simultanéité de deux actions: *En dînant, nous regardons la télé.* Voir le Chapitre 5.

3. Je ne suis pas content du rapport que Dupont a écrit.

_____

4. Tu as vu la pièce qui a été montée par cette troupe canadienne?

_____

5. Le repas que ce grand chef a préparé était immangeable.

_____

G. **Le participe présent.** Transformez les propositions en italique en les mettant au participe présent.

1. Il est parti rapidement; *il a juré* de ne plus jamais revenir.

_____

2. *Comme l'eau était* peu profonde, ils ont pu traverser la rivière sans difficulté.

_____

3. *Il voulait* faire plaisir à sa mère; il lui a acheté des fleurs.

_____

4. *Nous craignions* d'être en retard; nous nous sommes mis à courir.

_____

5. Les enfants, *qui obéissaient* à leurs parents, sont allés se coucher.

_____

6. Les automobilistes *qui venaient* de Cannes ont trouvé des embouteillages affreux.

_____

7. *Il aime* la solitude, il habite à la campagne.

_____

8. Un incendie a eu lieu dans cet immeuble hier, *qui a causé* beaucoup de dégâts.

_____

H. **Variez.** Remplacez la proposition en italique par un participe présent ou passé, en faisant tous les autres changements nécessaires.

1. Aussitôt *que le vin fut servi*, on a commencé à dîner.

_____

2. Il est parti à la plage, *mais il a oublié* sa serviette de bain.

_____

3. *Puisqu'il ne savait pas* la réponse, le candidat s'est tu.

   _____

4. J'ai décidé de leur parler, *mais je savais* que cela ne servirait à rien.

   _____

5. *Après que les disquettes étaient effacées*, il a dû recommencer son travail.

   _____

6. Je vous ai téléphoné, *parce que je pensais* que vous seriez content d'apprendre cette bonne nouvelle.

   _____

7. *Puisqu'ils se sont mariés*, ils ont droit à certains privilèges.

   _____

Pour nuancer l'expression

Le narrateur répète des structures parallèles pour nuancer son expression, intensifier un effet ou proposer des alternatives. Étudiez les exemples suivants.

La répétition
Il n'est pas exclu qu'il fût au contraire *un attardé, un demeuré, un installé à demeure dans l'enfance* …   […] il parlait lentement, avec une componction *doctorale, étudiée, fabriquée* …   Nestor mangeait *vite, sérieusement, laborieusement,* …

EXERCICE

I. **Nuances.** Ajoutez deux expressions à la série pour créer l'effet indiqué.

> [intensité]   Elle était intelligente, *brillante, géniale.*

1. [précision]   Il mangeait délicatement, _____, _____.

2. [intensité]   Son appartement était petit, _____, _____.

3. [alternatives]   Était-il espion, _____, _____?

4. [précision]   Il parlait d'une voix basse, _____, _____.

VOCABULAIRE

Pour décrire le caractère

aimable	détestable
amusant(e)	ennuyeux(-euse)
bienveillant(e)	malveillant(e)
chaleureux(-euse)	distant(e), froid(e)
cultivé(e)	inculte
extraverti(e)	introverti(e), timide, réticent(e)
généreux(-euse)	égoïste
honnête	malhonnête
innocent(e)	méchant(e)
paisible	violent(e), cruel(le)
sage	impoli(e), mal éduqué(e)
sincère	insincère, hypocrite
spirituel(le)	banal(e)
sympathique	antipathique
talentueux(-euse), doué(e)	sans talent

EXERCICES

J. **Contraires et synonymes.** Remplissez la grille suivante en utilisant les expressions ci-dessus ou à l'aide du dictionnaire si besoin est.

Mot	Synonyme	Contraire
bienveillant		
chaleureux		
sincère		
froid		
aimable		

K. **Le meilleur et le pire.** Quelles qualités caractérisent …

1. le professeur idéal? et un professeur incompétent?

_____

_____

2. l'homme politique idéal? et un homme politique inacceptable?

_____

_____

3. l'ami(e) idéal(e)? et son contraire?

_____

_____

L. **Un portrait.**   Décrivez le caractère de ces personnes.

MISE EN PRATIQUE

On vous demandera d'écrire le portrait d'une personne que vous connaissiez à l'école ou au lycée. Ces exercices vous aideront à vous souvenir de cette personne et à bien formuler votre description aux temps passés.

1. Pensez à un(e) ancien(ne) camarade de classe, un maître (une maîtresse) d'école ou un professeur sur qui vous aimeriez écrire. Comment s'appelait-il/elle? Quel était son rôle dans votre vie? Dans quelles circonstances est-ce que vous l'avez connu(e)? Quel rapport existait entre lui/elle et vous?

   _____

   _____

   _____

   _____

2. Situez cette personne dans son milieu. Employez l'imparfait.

   _____

   _____

   _____

3. Qu'est-ce qui vous a fait penser à cette personne? Ses actions? Son caractère?

   _____

   _____

   _____

4. Quels mots pourraient être utiles pour décrire cette personne physiquement?

_____

_____

_____

_____

Écrivez deux phrases à l'imparfait pour décrire cette personne.

_____

_____

5. Notez quelques traits psychologiques de cette personne. Comment est-ce que vous décririez sa personnalité?

_____

_____

_____

6. Pensez à une anecdote qui illustre bien son caractère. Quel trait de caractère est-ce qu'elle va mettre en relief? Écrivez quelques phrases pour résumer cet incident.

_____

_____

_____

_____

_____

ÉCRIVEZ

Suivez les conseils proposés ci-dessous ainsi que les indications données par votre professeur pour bien rédiger votre composition.

1. **Premier jet.**   Faites un portrait en utilisant le plan que vous avez ébauché ci-dessus. Décrivez l'aspect physique et psychologique de la personne, en ajoutant une anecdote pour illustrer vos remarques.

2. **Retouches.**   Maintenant, relisez attentivement votre texte. Pensez à varier votre récit en employant des comparaisons et une variété d'adjectifs pour enrichir votre langue. Vérifiez votre grammaire, en faisant surtout attention à la place et à l'accord des adjectifs. Et bien sûr, n'oubliez pas d'accorder sujet-verbe, nom-adjectif et article-substantif.

3. **Dictionnaire personnel.**   De quels nouveaux mots vous êtes-vous servi pour écrire votre description? Ajoutez-les à votre dictionnaire personnel.

4. **Révision en groupes.**   Commentez et corrigez la composition d'un(e) autre étudiant(e)/d'autres étudiants selon le système proposé par votre professeur.

5. **Version finale.**   En considérant les commentaires suggérés par les étudiants et/ou le professeur, rédigez la version finale.

ÉCRITURE LIBRE

Choisissez un sujet parmi les suivants et écrivez vos réflexions dans votre journal, selon les indications de votre professeur.

1. Choisissez une des photos suivantes. «Inventez» la personne sur la photo. Décrivez-la physiquement et imaginez son caractère.

2. Quelle personne inconnue avez-vous remarquée récemment (dans un café, à la fac, dans une foule)? Pourquoi cette personne a-t-elle attiré votre attention? Décrivez-la physiquement et imaginez-la moralement.

3. Un autre sujet de votre choix.

Chapitre

La Description

«Décrire» n'est pas «énumérer». Il ne faut vouloir ni tout dire à la fois, ni même tout dire à la suite. Comment rendre un objet ou un paysage présent pour un lecteur ou un auditeur? En choisissant les aspects ou les détails les plus significatifs de l'objet ou du paysage, en sélectionnant quelques impressions que cet objet ou ce paysage suscite et en employant les mots les plus évocateurs.

Le choix de la langue est essentielle pour désigner ce qui est saisi par l'observateur en dehors de lui et en lui-même, pour traduire son observation où non seulement tous les sens, mais aussi l'intelligence, l'imagination, la mémoire, la sensibilité et le jugement jouent un rôle primordial.

SUR L'AUTEUR ...

Née au Caire (Égypte), Andrée Chedid (1920–) est d'origine libano-égyptienne. Elle a fait des études de journalisme au Caire et à Paris. Elle a dit à de nombreuses reprises qu'elle est le produit de deux cultures, deux modes de vie, deux psychés, qui fusionnent néanmoins dans ses écrits.

La majorité de ses textes se déroulent en Égypte, mais portent à la fois des traits du Moyen-Orient et de son pays d'adoption, la France. Les cultures anciennes et modernes la fascinent, le connu et l'inconnu.

POUR DISCUTER

Dans quelle mesure la description est-elle importante dans les articles de journaux et de magazines? les lettres personnelles? les nouvelles et les romans? Est-il possible d'avoir trop de descriptions? Qu'est-ce qu'on espère apprendre dans les passages descriptifs de romans? La description se lit-elle plus ou moins vite ou plus ou moins facilement que le dialogue dans un roman?

Andrée Chedid
─ LE SIXIÈME JOUR ─

Une vieille femme, Om Hassan, retourne dans son village natal, où sévit une épidémie de choléra, pour revoir sa famille. Puis elle pense à son petit-fils et veut le sauver du fléau *(plague).*

1   Ils tournèrent à gauche, prirent le sentier° couleur de suie°. Au loin, sur le terrain vague piqueté° de palmiers aucun enfant ne jouait.
   trail / pitch
   marked out

2   Le chemin se rétrécissait°. On pouvait presque toucher des épaules les habitations qui se faisaient face. Un garçonnet au ventre ballonné, courant dans le sens opposé, se prit un instant entre les jupes de la vieille. Se dégageant, il la repoussa de ses petites mains poisseuses°, s'enfuit à toutes jambes.
   became narrower
   5
   sticky

3   «Où sont tous les gens d'ici?»
   Sans répondre, Saleh° bifurqua à gauche.
   a nephew of Om Hassan

4   Om° Hassan reconnut la pierre plate qui sert de banc aux vieillards. «Si nous étions restés, c'est ici que Saïd[1] serait venu s'asseoir.» Elle l'imagina, au crépuscule, assis au milieu des autres; laissant couler entre le pouce et l'index les grains de son chapelet°.
   "mother" in Arabic
   10
   his beads

─────────
1. le mari d'Om Hassan

5   La route serpenta° près de la bâtisse° en briques crues du garde champêtre°   wound / building / rural
Hamar; la seule maison à un étage de tout le hameau°. Saillant° hors de la façade, la   constable / hamlet /
plate-forme qui servait de balcon s'effondrait°; le mur s'émiettait° autour.   15   jutting out / was crumbling / was falling to
6   «Tout croule ici, dit la femme.   pieces

— En quoi un balcon sert-il aux morts?»

Plus loin, il se retourna:

«J'étais sorti pour chercher ça, dit-il, montrant la houe° qu'il tenait à la main.   hoe
Autrement tu ne m'aurais pas trouvé.   20

— Je serais allée chez vous.

— Il n'y a plus de chez nous.

— Vous avez changé de maison?

— On a brûlé nos maisons. À cause de la contagion, ceux des ambulances viennent et mettent le feu ... Toi, tu n'as pas peur, dit-il, approchant son visage du sien.   25

— Allons, coupa la femme, ne perdons pas de temps.»

7   Le ciel fut, d'un seul coup, badigeonné° de clarté. Il ne resta plus un doigt d'ombre   whitewashed
sur la pellicule° bleue. «Soleil qui sort tout rose de la montagne rose», l'ancienne mélo-   film
die lui revint en mémoire, cette fois comme la plus triste des complaintes.

Une bufflesse° squelettique, traînant sa corde, sortit à pas lents d'une masure° en   30   female buffalo / hovel
balançant sa longue tête.

Sitôt après, ils débouchèrent sur un minuscule carrefour où se dressaient la grange commune, la boutique du barbier-apothicaire, l'épicerie.

«Taher° aussi ils l'ont emporté. Il n'est jamais revenu. Jamais ils ne reviennent.   *an inhabitant of the village*

— Ne pense plus à ces choses.   35

— Comment ne pas y penser? ... Ma mère, ils ne l'auront pas. Nous l'enterrerons cette nuit.»

8   Coincé entre les volets de l'épicerie, un pan de cotonnade rouge° pendait   piece of red cotton cloth
jusqu'au sol. Contre le mur de la grange s'entassaient des galettes° — mélange de   slabs were stacked up /
vase° et de paille° — utilisées comme combustible l'hiver. Des bidons° juxtaposés, qui   40   mud / straw / (gas, oil)
servent de pigeonniers°, n'abritaient plus d'oiseaux.   cans / roosts for pigeons

«Regarde ça, dit Saleh, indiquant plus loin une bande de terre calcinée. Des familles entières vivaient là!

9   — Mon Dieu, protège l'enfant[2] jusqu'à mon retour, murmura-t-elle prise d'angoisse.   45

— Où est l'enfant? demanda Saleh comme s'il devinait sa pensée.

— Je l'ai laissé chez le maître d'école.

— Et mon oncle Saïd?

— Il ne peut plus bouger. Yaccoub, le menuisier°, s'occupe de lui quand je ne   woodworker
suis pas là.   50

— À quoi sert-il de les avoir quittés?» Sa voix grinçait comme une lime°. «Eux   file
ont besoin de toi. Pas nous!

— Il faut me pardonner si je ne peux rien, j'ai souffert de ne pas partager vos malheurs.

— Qui partage le malheur des autres?»   55

— tiré du Sixième Jour

---

2. le petit fils qu'elle élève, resté en ville chez elle avec Saïd.

 **RÉFLEXIONS**

Faites un résumé de ce texte dans votre journal.

COMPRÉHENSION DU TEXTE

1. Dans la partie 3, on pose la question, «Où sont les gens d'ici?» Répondez à la question en utilisant ce que vous avez appris dans le reste du texte.

_____

_____

_____

2. Quel est le premier signe des troubles dont souffre le village? Quels autres signes suivent ce premier? À quel moment est-ce que la situation du village devient claire?

_____

_____

_____

3. Faites une petite description du village en vous basant sur les détails fournis par le texte.

_____

_____

_____

4. Décrivez l'enfant et l'animal mentionnés dans le passage. Comment expliquez-vous leur condition physique?

_____

_____

_____

ANALYSE STRUCTURELLE

1. Identifiez les voix multiples du passage. Combien de voix y a-t-il? À qui appartiennent-elles? À quels moments apparaissent-elles?

_____

_____

_____

2. Dégagez les passages où la description physique du village reflète la condition des habitants.

_____

_____

_____

3. Trouvez le passage où ...

   a. la désolation du paysage est évoquée.

   _____

   b. la souffrance des habitants est décrite.

   _____

   c. on fait allusion à la mort.

   _____

   d. le passé du village est rappelé.

   _____

ANALYSE STYLISTIQUE

1. Quels sens (la vue, le toucher, l'ouïe, l'odorat, le goût) et facultés (intelligence, mémoire, etc.) interviennent ici pour décrire le décor? Relevez des verbes et des adjectifs qui traduisent ces sens et facultés. Quels en sont les effets sur le lecteur/la lectrice?

   _____

   _____

   _____

2. Objets et êtres vivants sont décrits par quelques détails. Lesquels? Notez des exemples dans les parties 1, 2, 5, 7 et 8.

   _____

   _____

   _____

3. Un moyen de rendre une description plus vivante est de mélanger des styles. Ici sont utilisés à la fois la narration à la troisième personne et le discours direct. Où la narration domine-t-elle? Où le discours direct est-il prépondérant? Pourquoi? Quels effets ce mélange produit-il?

   _____

   _____

   _____

4. On peut également distinguer plusieurs tons différents: un ton poétique (travail des sons, du rythme, de la phrase; choix de mots, d'images); ou un ton familier (langage parlé). Relevez-en plusieurs exemples. Quels sont les effets de cette juxtaposition de tons?

_____

_____

_____

_____

5. Dans les trois premiers paragraphes, on peut distinguer des répétitions de sonorités:

   • répétition de la voyelle *ou*
   • répétition des consonnes *p, q, g*

   Après les avoir repérées, étudiez-en les effets (douceur, anxiété, dureté, etc.).

_____

_____

_____

   Trouvez d'autres exemples d'assonances (répétitions de voyelles) et d'allitérations (répétitions de consonnes) et analysez-en les effets sur le lecteur (ennui, cacophonie, horreur, etc.).

_____

_____

_____

6. Quelle(s) émotion(s) domine(nt) le texte? La joie? la peur? le bonheur? l'anxiété? Justifiez votre point de vue. Donnez un titre à ce passage qui reflèterait l'aspect dominant du texte.

_____

_____

_____

● LES ACTES DE PAROLE

Pour parler des mouvements, des perceptions

Dans ce passage, la narratrice parle de ses impressions en retournant dans son village natal. Les verbes de *mouvement* et de *perception* font avancer la narration et introduisent la description.

Ils	entrèrent dans	le village.
	pénétrèrent dans	les limites du village.
	franchirent	
Ils	tournèrent	à gauche.
	prirent	le sentier couleur de suie.
	suivirent	
	empruntèrent	
Ils	débouchèrent sur	un minuscule carrefour ...
	arrivèrent à	
	s'approchèrent d'	
	se dirigèrent vers	
... où	se dressait	la grange commune ...
	apparaissait	
	se trouvait	
... qui était	perché sur	une colline.
	au flanc d'	une vallée.
	au sommet d'	
	en haut d'	
	au pied d'	
	au fond d'	
Om Hassan	reconnut	la pierre plate qui sert de banc aux
	distingua	vieillards.
	aperçut	
	vit	

Pour parler de la nature

Pour parler de la nature, certaines expressions verbales peuvent enrichir votre description.

Le soleil	se lève, apparaît, monte à l'horizon, brille, se couche, descend, disparaît.
Le vent	se lève, hurle, siffle, se calme, s'apaise, cesse, tombe.
Le ciel	s'éclaircit, s'obscurcit, se couvre.
La mer	rugit, gronde / est calme, agitée.
Le terrain est	montagneux, plat.

Pour parler de ses impressions

La nature inspire des sentiments de peur, de mélancolie, de joie, etc. Les expressions suivantes vous aideront à exprimer vos impressions.

On ressent	une impression de grandeur, de peur ...
On éprouve	de la tristesse, du bonheur ...
On est	rempli
	frappé } d'émotion, d'admiration ...
	saisi

EXERCICES

A. **Synonymes.** Trouvez un synonyme pour la partie de la phrase en italique.

1. La cathédrale *se trouvait* devant eux.

_____

2. *Au sommet d'*une colline, *ils ont vu* la vieille tour qui dominait la ville.

_____

3. *Ils ont pris* le chemin à gauche et se *sont approchés* de la maison.

_____

4. *Après être entrés* dans la ville déserte, *ils ont vu* la maison de leurs grands-parents.

_____

B. **Quelle émotion?**   Dites quelle émotion (bonheur, tristesse, peur, angoisse, colère, etc.) les phénomènes naturels suivants vous inspirent en suivant le modèle.

        le soleil brillant
        Le soleil me remplit de bonheur.   OU:
        J'éprouve (ressens) du bonheur en voyant le soleil brillant.

1. les montagnes enneigées

_____

2. le vent qui hurle

_____

3. la mer agitée

_____

4. le soleil qui tombe

_____

5. la nuit

_____

Pour décrire: les couleurs

Evoquer des couleurs, c'est embellir votre description et la rendre plus vivante.

Ils tournèrent à
gauche, prirent
le sentier
couleur de

    suie.
    poix.
    charbon.
    sable.

Coincé entre les volets de l'épi-cerie, un pan de cotonnade	rouge bleue verte jaune blanche noire	pendait jusqu'au sol.	
Le soleil	rose pâle orange brillant	se reflète dans l'eau	verdâtre. argentée. bleu d'azur. bleu foncé.

EXERCICES

C. **Quelle couleur?**   Quelle(s) couleur(s) est-ce que vous associez avec les émotions suivantes? Nuancez la couleur si possible. Essayez d'expliquer votre association en invoquant un lien concret ou émotif.

> la colère
> *J'associe le rouge vif avec la colère. J'associe le rouge avec la chaleur, l'intensité, le sang et donc la colère.*

1. la peur

   _____

   _____

2. le bonheur

   _____

   _____

3. la panique

   _____

   _____

4. la tranquillité

   _____

   _____

5. la haine

   _____

   _____

D. **Complétez.** Complétez les phrases suivantes avec le mot approprié selon les indications données.

Avec un verbe

1. Avant un orage ...

   le soleil *disparaît.*

   le ciel _____

   le vent _____

   la mer _____

2. Après un orage ...

   le soleil _____

   le ciel _____

   le vent _____

   la mer _____

Avec un adjectif

3. Un beau jour d'été ...

   le ciel est *bleu clair.*

   la mer est _____

   le paysage est _____

4. Un jour en plein hiver ...

   le ciel est _____

   les arbres sont _____

   les montagnes sont _____

LA STYLISTIQUE

Comme dans un portrait, la langue d'une description peut être poétique, c'est-à-dire qu'elle crée des images grâce à des comparaisons et des métaphores.

La comparaison

La comparaison rapproche deux domaines différents, pour mettre en évidence un élément qui leur est commun. La comparaison a besoin d'un comparé, d'un outil de comparaison et d'un comparant. Dans l'exemple *Sa voix grinçait comme une lime, sa voix* est le comparé; *une lime* est le comparant; *comme* est l'outil de comparaison.

Les outils de comparaison peuvent être:

- une préposition

    Sa voix grinçait *comme* une lime.

- des phrases comparatives

    Sa voix grinçait *plus qu' (de même qu', ainsi qu')* un gond rouillé.

- un verbe

    Sa voix *ressemblait au (faisait penser au)* rugissement d'un lion.
    Quand il crie, *on dirait* le rugissement d'un lion.
    Le village *semblait* mort.

- des phrases prépositionnelles ou subordonnées

    Sa voix était *semblable au (pareille au)* roucoulement d'un pigeon.
    Sa voix était *telle que* le roucoulement d'un pigeon.

La comparaison peut jouer avec l'imagination.

    Cet homme est fort comme un lion.
    Ses lèvres, pareilles à un vase d'opaline, étaient disjointes.
    Je suis rouge comme un bœuf écorché.

La métaphore

La métaphore est une comparaison sans outil de comparaison.

    Le ciel fut, d'un seul coup, badigeonné de clarté. Il ne resta plus un doigt
    d'ombre sur la *pellicule bleue.*

Ici, l'expression *la pellicule bleue* reprend le mot *ciel* et le représente sous forme d'une image métaphorique.

La métaphore joue avec le langage. Avec les mots, elle crée des correspondances impossibles dans la réalité. L'image créée est plus dense que celle de la comparaison, elle s'adresse à la sensibilité.

    Cet homme est un lion.
    Félicité est une statue de bois.

Pouvez-vous expliquer l'emploi de la métaphore dans les phrases suivantes?

    La route serpenta près de la bâtisse.
    Le mur s'émiettait autour.

Pour éviter les verbes plats

Il est conseillé d'éviter la répétition des verbes *être, voir* et *il y a* et de trouver d'autres expressions pour enrichir votre description. Étudiez les passages suivants tirés du texte, en faisant bien attention aux mots en italique qui remplacent des verbes plats.

    On pouvait presque toucher des épaules les habitations qui *se faisaient face.*
    Il ne *resta* plus un doigt d'ombre sur la pellicule bleue.
    Sitôt après, ils débouchèrent sur un minuscule carrefour où *se dressaient* la grange commune, la boutique du barbier-apothicaire, l'épicerie.
    Coincé entre les volets de l'épicerie, un pan de cotonnade rouge *pendait* jusqu'au sol.
    Contre le mur de la grange *s'entassaient* des galettes.

Voici des suggestions précises:

• Remplacer le verbe *être* par les verbes *demeurer, rester, se tenir, se trouver, se faire, se voir:*

> S'égarant du chemin, soudain Philippe **est** tout seul dans la forêt. →
> S'égarant du chemin, soudain Philippe *s'est trouvé (s'est vu)* tout seul dans la forêt.

> **Il y avait** un silence profond. Le soleil se couchait, mais Philippe **était** optimiste. →
> *Il se faisait* un silence profond. Le soleil se couchait, mais Philippe *demeurait* optimiste.

• Y substituer un verbe plus expressif:

> Un étranger **était** dans les environs. →
> Un étranger *rôdait* dans les environs/alentours.

> **Il y avait** de la neige sur les montagnes. →
> La neige *couronnait* les montagnes.

> Sur la pente de la colline, **il y avait** des maisons. →
> Des maisons *descendaient* la pente de la colline.

• Y substituer un verbe réfléchi:

> **Il y avait** de grands arbres devant moi. →
> De grands arbres *se dressaient* devant moi.

> La nature **était** splendide. →
> La nature *se révélait* dans toute sa splendeur.

• Y substituer un substantif:

> **Étant timide**, il était empêché de continuer. →
> *Sa timidité* l'empêchait de continuer.

• Utiliser un adjectif au début de la phrase, qualifiant le sujet:

> Il **était peureux** en entrant dans la maison déserte. →
> *Peureux*, il est entré dans la maison déserte.

EXERCICES

E. **Comparaisons.**   Quel mot dans la deuxième colonne complète l'expression dans la première colonne?

1. Il est doux comme   a. une taupe *(a mole)*

2. Elle est fraîche comme   b. un pot

3. Il est rusé comme   c. un agneau

4. Il est myope comme   d. un renard

5. Elle est sourde comme   e. une rose

F. **Expliquez.**   Expliquez les métaphores suivantes en faisant une paraphrase. Pensez à la nature de la chose comparée pour saisir le sens de ces expressions.

1. C'est une oie blanche.

   _____

2. Cette étudiante est un âne.

   _____

3. Mon oncle a une langue de vipère.

   _____

4. Elle est tout feu tout flamme.

   _____

5. Il lèche les bottes du patron.

   _____

G. **Formulez des phrases.**   Établissez des comparaisons entre les éléments proposés. Utilisez un des outils de comparaison suggérés.

1. L'azur du ciel / le bleu de ses yeux

   _____

2. Le chant des oiseaux / le son de sa voix

   _____

3. Un chien allongé / une tache de mazout *(oil)*

   _____

4. Une longue limousine / un jour sans caviar

   _____

5. Son nez osseux *(bony)* / le bec d'un perroquet

   _____

6. Ses prunelles fauves *(fawn-colored eyes, pupils)* / celles d'un hibou

   _____

7. Se glisser dans la cabane *(hut, cabin)* / un reptile

   _____

H. **À vous.** Développez vos propres comparaisons pour les éléments suivants.

1. la route de l'université

_____

2. New York City

_____

3. votre propre ville

_____

4. votre vie sentimentale

_____

5. un jour d'hiver

_____

6. le lever du soleil

_____

I. **Remplacez.** Dans les phrases suivantes, remplacez les verbes plats par une forme verbale plus expressive.

  1. Après l'orage, il y avait des fleurs partout dans le pré.

  _____

  2. Il y a beaucoup d'étoiles dans le ciel.

  _____

  3. J'étais très triste devant ce paysage.

  _____

  4. La rivière est entre les deux montagnes.

  _____

  5. Il y avait des nuages dans le pâle ciel d'hiver.

  _____

  6. Il était étonné de voir l'azur de la mer.

  _____

  7. Elle était fascinée quand elle contemplait le spectacle.

  _____

8. Nous étions dans un champ verdoyant.

_____

9. À l'est du plateau, il y a une vallée féconde.

_____

10. Cette plante a des fleurs magnifiques.

_____

VOCABULAIRE

Pour décrire le paysage

une cascade	une piste
des chutes d'eau	un rocher
une colline	un sapin
une forêt	un sentier
un glacier	un sommet
une marée	un torrent
une mer	une vague
une montagne	une vallée
un pin	

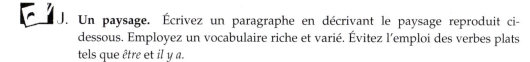

EXERCICE

J. **Un paysage.** Écrivez un paragraphe en décrivant le paysage reproduit ci-dessous. Employez un vocabulaire riche et varié. Évitez l'emploi des verbes plats tels que *être* et *il y a.*

MISE EN PRATIQUE

Faites une description à la troisième personne d'une scène qui vous a impressionné. Ces exercices vous aideront à formuler vos pensées et à exprimer le rapport entre l'aspect du paysage et vos émotions.

1. Pensez à une scène qui vous a impressionné: votre jardin, la plage, la vue à travers votre fenêtre, un souvenir de vacances.

_____

_____

2. Qu'est-ce que vous avez ressenti en regardant cette scène?

_____

_____

3. Dressez une liste des phénomènes naturels qui dominaient cette scène, et dites quelles émotions ils vous inspiraient.

_____

_____

4. Quelles couleurs dominaient cette scène? Faites une liste des objets qui se trouvaient dans cette scène, modifiés par leur couleur.

_____

_____

5. Employez la comparaison et la métaphore dans quatre phrases qui décrivent cette scène.

_____

_____

_____

_____

ÉCRIVEZ

Suivez les conseils proposés ci-dessous ainsi que les indications données par votre professeur pour bien rédiger votre composition.

1. **Premier jet.**   Écrivez une première ébauche en incluant les éléments esquissés (*outlined*) dans la partie *Mise en pratique*.

2. **Retouches.**   Maintenant, relisez attentivement votre texte. Pensez à enrichir votre description en employant des comparaisons et des verbes variés. Vérifiez votre grammaire, en faisant surtout attention à l'accord des adjectifs. Et bien sûr, n'oubliez pas d'accorder sujet-verbe, nom-adjectif et article-substantif.

3. **Dictionnaire personnel.**   De quels nouveaux mots vous êtes-vous servi pour écrire votre composition? Ajoutez-les à votre dictionnaire personnel.

4. **Révision en groupes.**   Commentez et corrigez la composition d'un(e) autre étudiant(e) ou d'autres étudiants selon le système proposé par votre professeur.

5. **Version finale.**   En considérant les commentaires suggérés par les étudiants et/ou le professeur, rédigez la version finale.

ÉCRITURE LIBRE

Choisissez l'image A ou B, et écrivez dans votre journal, selon les indications de votre professeur.

A   B

Regardez bien la réproduction. Décrivez d'abord la scène: le temps, les objets, etc. Puis décrivez les personnes qui figurent dans cette scène. La scène reflète-t-elle la condition des personnages?

Chapitre

La Narration

Raconter, c'est faire revivre des événements passés, de telle sorte que le lecteur soit intéressé par eux et croie y assister. Les qualités essentielles du récit résident dans l'organisation et dans le ton. Une bonne exposition contient quelques mots sur les personnages, les lieux, le temps, c'est-à-dire sur les circonstances de l'action. L'action est mise en valeur par le ton choisi (comique, pathétique, tragique, par exemple). Pour retenir l'attention du lecteur, il faut varier les styles (narration, descriptions, dialogues), brosser des portraits rapides et précis et faire en sorte que le dénouement reste imprévu, quoique vraisemblable.

SUR L'AUTEUR ...

Au terme de brillantes études de philosophie, Simone de Beauvoir (1908–1986) exerce le métier de professeur, de 1929 à 1943, puis se consacre entièrement à la création littéraire. Elle a produit des romans, des essais et des mémoires. Compagne du philosophe influent Jean-Paul Sartre (1905–1980), elle est fortement influencée par lui dans ses premiers essais. Mais sa pensée féministe trouve son plein épanouissement dans *Le Deuxième Sexe*, une étude des divers aspects de l'aliénation féminine. Cette analyse a profondément marqué le mouvement féministe.

POUR DISCUTER

Imaginez les réactions possibles d'une personne qui survit un accident de voiture. Comment se sentirait-elle psychologiquement juste après cet accident? Si vous aviez entendu qu'une amie a eu un accident de voiture, quelles questions lui poseriez-vous?

Simone de Beauvoir
— LES BELLES IMAGES —

Le titre *Les Belles Images* évoque à la fois la vie et le métier de la narratrice/héroïne Laurence, qui travaille dans la publicité. Femme aisée, femme à succès, mère de famille, Laurence s'ennuie de cette vie «idyllique» et perd progressivement ses illusions. Dans ce passage, Laurence rentre de la campagne à Paris avec son mari Jean-Charles et leurs deux filles. Pour Laurence, les événements racontés dans le passage qui suit marquent la naissance d'une prise de conscience.

1   Badminton, télévision: la nuit était tombée quand nous sommes partis; je ne roulais pas vite. Je sentais la présence de Jean-Charles à côté de moi, je me rappelais notre nuit, tout en fouillant° la route du regard. Soudain, d'un sentier° sur ma droite, un cycliste roux° a jailli° dans la lumière des phares. J'ai donné un brusque coup de volant, la voiture a tangué°, elle s'est renversée dans le fossé.

while scouring, combing / path / red-headed / burst forth / pitched

2   — Tu n'as rien?
— Rien, a dit Jean-Charles. Et toi?
— Rien.
Il a coupé le contact°. La portière s'est ouverte:
— Vous êtes blessés?
— Non.

turned off the engine

3   Une bande de cyclistes — des garçons, des filles — entouraient la voiture qui s'était immobilisée, la tête en bas, et dont les roues continuaient à tourner; j'ai crié au rouquin°: «Espèce d'imbécile!» mais quel soulagement! J'avais cru que je lui passais sur le corps°. Je me suis jetée dans les bras de Jean-Charles: «Mon chéri! on a eu drôlement de la chance. Pas une égratignure!°»

red-head

I thought I had run him over. / scratch

4   Il ne souriait pas:

— La voiture est en miettes°.

— Pour ça oui. Mais ça vaut mieux que si c'était toi ou moi.

Des automobilistes se sont arrêtés; un des garçons a expliqué: 20

— Cet idiot, il ne regardait rien, il s'est jeté sous l'auto; alors la petite dame a bra-qué° à gauche.

Le rouquin balbutiait des excuses, les autres me remerciaient ...

— Il vous doit une fière chandelle!°

5   Sur ce bord de route mouillée, à côté de la voiture massacrée, une gaieté montait   25
en moi, grisante° comme du champagne. J'aimais ce cycliste imbécile parce que je ne
l'avais pas tué, et ses camarades qui me souriaient, et ces inconnus qui proposaient de
nous ramener à Paris. Et soudain la tête m'a tourné et j'ai perdu connaissance. [...]

[Quelques instants plus tard, elle revient à elle.]

6   Jean-Charles disait qu'il faudrait acheter une autre voiture et qu'on ne tirerait   30
pas deux cent mille francs¹ de l'épave°; il était mécontent, ça se comprend. [...] Ce n'est
tout de même pas de ma faute, je suis plutôt fière de nous avoir couchés si doucement
dans le fossé; mais finalement tous les maris sont convaincus qu'au volant ils se
débrouillent mieux que leur femme. Oui, je me souviens, il était de si mauvaise foi
qu'avant de nous coucher lorsque j'ai dit: «Personne ne s'en serait sorti sans bousiller°   35
la voiture», il a répondu: «Je ne trouve vraiment pas ça malin; nous n'avons qu'une
assurance tierce-collision.»²

7   — Tu n'aurais tout de même pas voulu que je tue le type?

— Tu ne l'aurais pas tué. Tu lui aurais cassé une jambe ...

— J'aurais très bien pu le tuer.   40

— Eh bien, il ne l'aurait pas volé°. Tout le monde aurait témoigné en ta faveur.

8   Il a dit ça sans en penser un mot, pour m'être désagréable, parce qu'il est
convaincu que j'aurais pu m'en tirer à moins de frais°. Et c'est faux.

Glosses (right margin):
- small pieces (*literally:* crumbs)
- steered
- He owes you his life.
- intoxicating
- we couldn't get $500 for the wreck
- smash
- he would have deserved it
- I could have come out of it less expensively (i.e., with less damage)

RÉFLEXIONS

Quelle aurait été votre réaction après un tel accident? Trouvez-vous l'émotion de Laurence normale? Quelle réaction auriez-vous attendu de votre mari, si vous aviez été Laurence?

COMPRÉHENSION DU TEXTE

1. Faites un résumé de l'accident. Précisez les actions du cycliste roux; de Laurence; et de la bande de cyclistes.

_____

_____

_____

_____

_____

1. deux cent mille francs: on calcule ici en anciens francs; 100 anciens francs égalent 1 nouveau franc; donc, 200.000 francs = environ $500.

2. assurance tierce-collision: *the insurance will only pay for damage caused by another party, not damage incurred by the policy-holder.*

_____

_____

2. Quels sont les sentiments de Laurence après l'accident? Et ceux de Jean-Charles?

_____

_____

_____

_____

3. Qu'est-ce que le dernier échange révèle à propos des rapports entre Laurence et son mari?

_____

_____

_____

ANALYSE STRUCTURELLE

1. Divisez le passage en scènes et donnez un titre à chacune.

_____

_____

_____

2. Étudiez l'organisation de ce récit pour distinguer les diverses voix. Trouvez le passage où (a) Laurence parle; (b) les autres passants parlent; (c) Jean-Charles parle; (d) les réflexions intérieures de Laurence sont exprimées.

_____

_____

_____

_____

ANALYSE STYLISTIQUE

1. Différenciez les passages au style narratif (le récit) des passages au style direct (dialogues).

_____

_____

_____

2. Quels temps prédominent dans le style direct? Et dans la narration?

_____

_____

3. Quels effets cette alternance de temps produit-elle? Rêverie? Rapidité? Spontanéité? Distanciation? Proximité?

_____

_____

_____

4. Les passages au style direct sont précédés soit de tirets (—), soit de guillemets (« ») accompagnés de points d'exclamation (!). Ces indications typographiques suggèrent un ton différent. Quel passage signale l'anxiété, la nervosité et le dialogue sur le vif? Quel passage signale une distanciation, des réflexions intérieures? Expliquez.

_____

_____

_____

_____

_____

5. La narration est faite à la première personne. Quel est l'effet de cet emploi du «je» sur le lecteur? Le lecteur se sent-il distant ou proche de la narratrice/du «je»?

_____

_____

_____

6. Le vocabulaire caractérise trois thèmes principaux: (1) la conduite de la voiture et l'accident; (2) la joie; (3) la prise de conscience. Faites une liste d'expressions du texte pour chacun de ces thèmes:

Voiture et accident	Joie	Prise de conscience

7. Les phrases sont-elles longues ou courtes? Y a-t-il beaucoup de phrases subordonnées (introduites par les conjonctions *que, parce que,* etc.) ou bien essentiellement des phrases indépendantes? Quel rythme ces phrases produisent-elles (lenteur, rapidité, ...)? Et donc quel ton en résulte (sérieux, surpris, ...)?

_____

_____

_____

_____

_____

8. Relevez des expressions (adverbes, verbes, adjectifs, substantifs) pour la description des catégories suivantes:

Lieux	Temps	Personnages

9. Le portrait de Jean-Charles est suggéré, brossé de manière indirecte, soit du point de vue de la narratrice, soit par les répliques de Jean-Charles. Quels sentiments ressentez-vous à l'égard de ce personnage? Comment l'imaginez-vous? Faites son portrait en un court paragraphe.

● LES ACTES DE PAROLE

Pour situer un événement dans le temps

Le choix d'une expression temporelle dépendra du point de référence du narrateur.

- Si ce point de référence est le moment où le narrateur raconte le récit, les expressions suivantes s'emploient pour exprimer les relations temporelles:

Antériorité	Simultanéité	Postériorité
autrefois	de nos jours actuellement à présent en ce moment	à l'avenir dans le futur
la semaine dernière	cette semaine	la semaine prochaine
avant-hier hier hier soir cette nuit	aujourd'hui	demain après-demain

- Si le point de référence est un moment du passé ou du futur, employez les expressions suivantes:

Antériorité	Simultanéité	Postériorité
auparavant	à ce moment-là alors	après par la suite
la semaine précédente la semaine d'avant	cette semaine-là	la semaine suivante la semaine d'après
l'avant-veille la veille	le jour même ce jour-là cette nuit-là	le lendemain le jour suivant le surlendemain

Pour exprimer un laps de temps

- *Il y a* + expression temporelle + le passé composé exprime le temps qui a passé depuis une action ou un état spécifique:

> Cet accident a eu lieu il y a trois ans.
> *The accident happened three years ago.*

- Utilisez *depuis* + expression temporelle + le présent pour parler d'une action qui a commencé au passé et qui continue au présent:

> Laurence connaît Jean-Charles depuis dix ans.
> *Laurence has known Jean-Charles for ten years.*

- Les formules *voilà / il y a / cela fait* + expression temporelle + le présent s'emploient également pour parler d'une action qui a commencé au passé et qui continue au présent:

> Voilà (cela fait / il y a) dix ans que Laurence connaît Jean-Charles.
> *Laurence has known Jean-Charles for ten years.*

- Utilisez le passé composé avec ces expressions pour exprimer qu'une action n'a pas eu lieu depuis un moment du passé jusqu'au présent:

> Laurence n'a pas vu ses enfants depuis deux jours.
> Voilà (cela fait / il y a) deux jours que Laurence n'a pas vu ses enfants.
> *Laurence hasn't seen her children in two days.*

EXERCICES

A. **Un calendrier.** Regardez le calendrier ci-dessous. Ensuite, répondez aux questions qui suivent.

MARS

12	13	14	15	16

1. Aujourd'hui, c'est le 14 mars. Par rapport à aujourd'hui:

le 13 mars, c'était _____ ;

le 12 mars, c'était _____ ;

le 15 mars, ce sera _____ ;

le 16 mars, ce sera _____ .

2. Aujourd'hui, c'est le 7 mai. Vous racontez une histoire qui s'est passée le 14 mars. Par rapport à ce jour-là,

le 13 mars, c'était _____ ;

le 12 mars, c'était _____ ;

le 15 mars, c'était _____ ;

le 16 mars, c'était _____ .

B. **Événements passés.** Répondez aux questions suivantes en utilisant une des expressions ci-dessus pour indiquer le laps de temps entre un moment du passé et le présent.

1. Quand avez-vous rencontré votre meilleur(e) ami(e)? Depuis combien de temps le/la connaissez-vous? Quand l'avez-vous vu(e) la dernière fois? Depuis combien de temps ne l'avez-vous pas vu(e)?

_____

_____

_____

_____

_____

2. Quand avez-vous appris à conduire une voiture? Depuis combien de temps avez-vous votre permis de conduire? Quand avez-vous conduit une voiture pour la dernière fois? Depuis combien de temps n'avez-vous pas conduit de voiture? Votre vie serait-elle plus facile avec une voiture ou sans voiture?

_____

_____

_____

_____

_____

3. Quand êtes-vous arrivé(e) sur le campus de votre université? Depuis combien de temps faites-vous vos études à cette université? Êtes-vous content(e) de votre vie universitaire?

_____

_____

_____

_____

_____

4. Quand avez-vous commencé vos études de français? Depuis combien de temps étudiez-vous le français? Quelle matière avez-vous abandonnée? Depuis combien de temps n'aviez-vous pas suivi de cours dans cette matière? Regrettez-vous votre décision?

_____

_____

_____

_____

5. Quand êtes-vous rentré(e) chez vous pour la dernière fois? Depuis combien de temps n'avez-vous pas vu vos parents? Quelle a été votre réaction en les voyant après cet intervalle?

_____

_____

_____

_____

Pour parler des moments

- On emploie *où* pour parler du moment du déroulement d'une action:

    Il ne pleuvait pas la nuit *où* Laurence a eu son accident.
    It wasn't raining on the night Laurence had her accident.

    C'était le jour après l'accident *où* Laurence a eu une prise de conscience.
    It was on the day following the accident that Laurence had her personal awakening.

- Remarquez la formule *la première/dernière fois que.*

    La première fois que Laurence a eu une prise de conscience était juste après son accident.
    The first time that Laurence felt a personal awakening was just after her accident.

Pour narrer chronologiquement

Pour narrer une suite d'actions, utilisez les expressions suivantes:

Premier événement	Événement(s) qui suivant(s)	Dernier événement
[tout] d'abord au début pour commencer premièrement	alors ensuite tout de suite après en même temps par ailleurs	enfin finalement à la fin

Pour narrer au passé

Pour narrer au passé, vous vous servirez de trois temps verbaux: le passé composé, l'imparfait et le plus-que-parfait. Les deux premiers expriment le même moment du passé, vu sous un *aspect* différent: le passé composé exprime *un événement*, tandis que l'imparfait exprime *les circonstances* ou *la mise en scène*. Étudiez le tableau qui suit:

Le passé composé	L'imparfait
• une action achevée	• une action inachevée, en train de se dérouler • une action habituelle • une description: l'aspect physique d'une personne, d'un paysage; un état d'esprit, un état mental; les émotions

Le plus-que-parfait exprime un moment qui précède un autre moment du passé. Étudiez le schéma suivant:

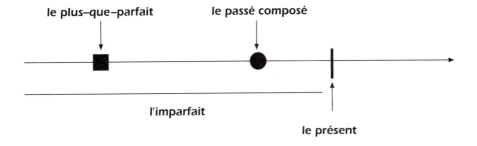

EXERCICES

C. **Les actualités.** Mettez ces passages au passé en conjuguant le verbe entre parenthèses au passé composé, à l'imparfait ou au plus-que-parfait.

Corse: Huitième Meurtre de l'année

Huitième meurtre de l'année en Corse. Mardi soir, un restaurateur de quarante-huit ans _____ (sortir) du bar «Le Frassetto», où il _____ (boire) trois bières avec un copain. Il _____ (discuter) aussi la politique corse avec un sympathisant du Front National pour la Libération de la Corse. La discussion _____ (devenir) violente. Alors qu'il _____ (monter) dans sa voiture, un homme non identifié le _____ (tuer) à bout portant (*at point blank range).* Le meurtrier _____ (s'échapper). Les gendarmes le _____ (chercher) partout. Ils le _____ (trouver) finalement dans une maison du village qui _____ (appartenir) à sa famille. Les gendarmes _____ (cerner) la maison et _____ (essayer) d'obtenir une reddition en douceur (*peaceful surrender).* Enfin, l'assassin _____ (monter) aux combles (*attic)* et _____ (commencer) à tirer (*shoot)* sur les gendarmes. Finalement, ils _____ (tuer) le meurtrier.

Homme tué par un éléphant

Un éléphant _____ (écraser) un Français dans le village de Pliego, en Espagne. Norbert Desmaret, qui _____ (avoir) quarante-cinq ans, _____ (mourir) à l'hôpital. L'éléphant, qui _____ (s'échapper) du cirque, _____ (prendre) peur quand un chien _____ (se mettre) à aboyer (*to bark).* L'éléphant _____ (appartenir) à une troupe qui _____ (faire) une procession dans les rues de Pliego.

 D. **La dernière fois ...** Racontez la dernière fois que vous vous êtes trouvé(e) dans une situation gênante. Qu'est-ce qui a provoqué cette situation? Comment s'est-elle déroulée? Résolue? Quelles étaient vos émotions/réactions?

La stylistique

Ellipse sujet/verbe

Dans le passage de de Beauvoir, on trouve plusieurs exemples de phrases ou de propositions sans verbe. C'est donc le contexte qui permet au lecteur de comprendre. En supprimant le verbe, on peut varier le style en évitant une suite de verbes plats (tels que *y avoir, voir, entendre, c'est,* etc.).

Dans les exemples suivants, quels groupes verbaux ont été supprimés?

> Badminton, télévision: la nuit était tombée quand nous sommes partis.
> J'ai crié au rouquin: «Espèce d'imbécile!» mais quel soulagement! J'avais cru que je lui passais sur le corps.
> «Mon chéri! on a eu drôlement de la chance. Pas une égratignure.»

Le narrateur pourrait également se servir de ce procédé pour se dispenser de donner des détails sans importance pour l'avancement du récit. En n'exprimant que l'essentiel de la scène, le narrateur augmente l'intérêt en développant un rythme rapide ou une tension croissante. Dans les exemples cités précédemment, quelle est la fonction de l'ellipse?

EXERCICE

E. **Ellipses.**   Transformez les phrases suivantes en une série de mots ou de propositions en supprimant le verbe et en faisant tous les autres changements nécessaires.

> ✍   Nous n'avons pas une blessure, pas une égratignure.
> *Pas une blessure, pas une égratignure.*

1. J'ai vu la lumière des phares *(headlights),* j'ai entendu le klaxon, j'ai donné un brusque coup de freins.

   _____

2. Une gaieté montait en moi, accompagnée d'un sentiment de soulagement, et puis de colère.

   _____

3. Charles m'a hurlé des accusations, j'ai répondu par des protestations.

   _____

4. J'ai entendu des cris et des balbutiements *(stammering).*

   _____

5. J'ai passé la journée à faire ma correspondance et à regarder la télévision.

   _____

Discours direct et discours indirect

Le *discours direct* cite textuellement les paroles d'une personne, avec des guillemets ou des tirets:[3]

> Laurence a dit: «Mon chéri! on a eu drôlement de la chance!»
> — La voiture est en miettes, déclara-t-il.

Quand on rapporte les paroles d'une personne dans une proposition subordonnée introduite par un verbe de communication suivi de la conjonction *que* (elle a dit que/il pensait que), le discours direct devient alors un *discours indirect:*

> Jean-Charles disait qu'il faudrait acheter une autre voiture.

Quand on transforme un discours direct en un discours indirect, certains changements ont lieu:

- Quand le verbe de la proposition principale est *au présent ou au futur*, il n'y a pas de changement dans le temps des verbes de la proposition subordonnée. Seuls les pronoms personnels changent:

> Il crie: «J'ai faim!»
> *Il crie qu'il a faim.*

> Il pense: «J'irai en ville demain.»
> *Il pense qu'il ira en ville demain.*

- Quand le verbe de la proposition principale est *au passé*, le temps des verbes de la proposition subordonnée change.

Discours direct	*Discours indirect*
Jean a dit: «La voiture est en miettes.» (présent)	Jean a dit que la voiture *était* en miettes. (imparfait)
Jean a dit: «Il faudra acheter une autre voiture.» (futur)	Jean a dit qu'il *faudrait* acheter une autre voiture. (conditionnel présent)
Un des garçons explique: «Cet idiot, il s'est jeté sous l'auto.» (passé composé)	Un des garçons a dit que l'idiot *s'était jeté* sous l'auto. (plus-que-parfait)

Remarquez que certains temps (l'imparfait, le plus-que-parfait, le conditionnel présent, le conditionnel passé) ne changent pas dans le discours indirect:

> Il a dit: «L'idiot ne regardait rien, il devrait vous remercier, il aurait dû faire attention.»
> Il a dit que l'idiot ne *regardait* rien, qu'il *devrait* la remercier et qu'il *aurait dû* faire attention.

Dans *les questions indirectes,* certaines transformations se font dans la formule interrogative.

Mot interrogatif dans la question directe	Conjonction dans la question indirecte	Exemples
—	si	Il a demandé: «Tu es blessée?» Il a demandé si j'étais blessée.
qu'est-ce qui	ce qui	Il m'a demandé: «Qu'est-ce qui s'est passé?» Il m'a demandé ce qui s'était passé.
qu'est-ce que	ce que	Il m'a demandé: «Qu'est-ce que tu as?» Il m'a demandé ce que j'avais.

---

3. Les guillemets s'emploient pour encadrer une citation, les paroles de quelqu'un ou une conversation. Le tiret marque le changement d'interlocuteur.

Pour rapporter le discours

Évitez la répétition du verbe «dire» en rapportant les échanges. Étudiez les exemples suivants tirés du texte:

> J'ai *crié* au rouquin: «Espèce d'imbécile!»
> Il ne *souriait* pas: — La voiture est en miettes.
> Un des garçons *a expliqué:* — Cet idiot, il ne regardait rien ...
> Le rouquin *balbutiait* des excuses, les autres me *remerciaient* ...
> Il *a répondu:* — «Je ne trouve vraiment pas ça malin ...»

Si l'identité des locuteurs est claire, une série d'échanges pourrait être introduite en supprimant les verbes tels que *dire, déclarer, répondre,* etc.

> — Tu n'aurais tout de même pas voulu que je tue le type?
> — Tu ne l'aurais pas tué. Tu lui aurais cassé une jambe ...
> — J'aurais très bien pu le tuer.
> — Eh bien, il ne l'aurait pas volé. Tout le monde aurait témoigné en ta faveur.

Remarquez qu'après une citation directe, on fait l'inversion du sujet:

> «La voiture est en miettes», a dit Jean-Charles.
> «Il ne l'aurait pas volé», a-t-il dit.

EXERCICES

F. **Le discours indirect.**   Refaites les phrases suivantes en employant le discours indirect.

1. J'ai demandé à Jean-Charles: «Tu es blessé?»

   _____

2. Il a dit: «Non.»

   _____

3. J'ai dit à Jean-Charles: «On a eu drôlement de la chance.»

   _____

4. Je lui ai dit: «On n'a même pas une égratignure.»

   _____

5. Jean-Charles a dit: «La voiture est en miettes.»

   _____

6. Jean-Charles a demandé à Laurence: «Qu'est-ce que tu as fait?»

   _____

7. Laurence a dit: «Mais ça vaut mieux que si c'était toi ou moi.»

   _____

8. Le rouquin a demandé: «Qu'est-ce qui s'est passé?»

_____

9. Un des garçons a dit: «Cet idiot ne regardait rien, il s'est jeté sous l'auto.»

_____

10. Les autres m'ont dit: «Il vous doit une fière chandelle.»

_____

11. J'ai demandé à Jean-Charles: «Tu aurais voulu que je tue le type?»

_____

12. Il a dit: «Tu ne l'aurais pas tué.»

_____

13. J'ai dit: «C'est faux.»

_____

G. **Variez.** Pour quatre des phrases de l'exercice G, trouvez un verbe expressif pour remplacer le verbe *dire*.

1. _____

2. _____

3. _____

4. _____

H. **Rapportez.** Rapportez un dialogue que vous avez eu avec un(e) ami(e) récemment. Variez le verbe employé pour introduire chaque propos.

VOCABULAIRE

Pour parler des événements inattendus

Soudain,	quelque chose de	bizarre	s'est produit.
Brusquement,	un événement	inattendu	s'est passé.
Tout d'un coup,	un incident	inouï	a eu lieu.
Tout à coup,		scandaleux	est arrivé.
		extraordinaire	est survenu.
		curieux	

Il s'est passé quelque chose		d'effrayant.	

On	affronte		
	surmonte	un obstacle.	
	fait face à		

Cet événement m'a	marqué(e).	
	étonné(e).	
	surpris(e).	
	frappé(e).	
	impressionné(e).	
J'ai	pris conscience d'	
	remarqué	
	observé	un changement.
	noté	
Je me suis rendu compte d'		

Pour parler des réactions

La surprise	La colère	La peine	Le contentement	Le mécontentement	Le soulagement
étonné(e)	furieux(-euse)	déçu(e)	heureux(-euse)	malheureux(-euse)	soulagé(e)
surpris(e)	exaspéré(e)	gêné(e)	content(e)	mécontent(e)	réconforté(e)
choqué(e)	enragé(e)	peiné(e)	gai(e)	dissatisfait(e)	apaisé(e)
ébahi(e)	irrité(e)	triste	joyeux(-euse)		satisfait(e)
sidéré(e)	agacé(e)	blessé(e)	satisfait(e)		calmé(e)
abasourdi(e)	énervé(e)				rassuré(e)
stupéfié(e)	frustré(e)				
horrifié(e)	fâché(e)				

EXERCICES

I.   Synonymes.   Trouvez un synonyme pour les mots en italique.

1. *Soudain*, quelque chose de bizarre *s'est produit*.

   _____

2. Il faut *faire face aux* obstacles.

   _____

3. J'*ai remarqué* un changement dans son comportement.

   _____

4. Quand je suis *malheureux*, je mange trop de sucreries.

   _____

5. Cet épisode m'*a étonné*.

   _____

6. Sa réponse m'*a soulagé*.

   _____

7. La patronne est très souvent *furieuse* contre ses collègues.

   _____

J.   Émotions.   Quelle émotion est suscitée chez vous dans les situations suivantes?

1. Quand je ne réalise pas mes buts, je me sens _____ .

2. Quand personne ne me téléphone pendant quelques jours, je me sens _____

   _____ .

3. Quand on se moque de moi, j'éprouve de _____ .

4. Quand on me pose constamment des questions, je suis _____ .

5. Quand on m'a dit que les Martiens ont atterri sur la Terre, j'étais _____

   _____ .

6. Quand j'ai appris que l'histoire des Martiens n'était pas vraie, je me sentais _____

   _____ .

K. **Des visages.**   Décrivez les états d'esprit exprimés par les visages suivants.

L. **Portraits.**   Faites le portrait d'une des personnes suivantes en utilisant les expressions ci-dessus. Variez votre expression en évitant les verbes plats *(être, avoir)* autant que possible (Voir le Chapitre 1, *Les actes de parole*).

- votre meilleur(e) ami(e)
- une personne que vous n'aimez pas du tout
- un personnage célèbre que vous admirez
- un personnage célèbre que vous n'aimez pas du tout

MISE EN PRATIQUE

Dans votre composition, vous allez raconter une scène ou un incident qui a changé la manière dont vous jugez une autre personne ou dont vous vous jugez vous-même. Vous écrirez votre récit à la première personne.

1. En une phrase, indiquez de quel changement il s'agit.

    J'ai découvert qu'un de mes amis est complètement névrosé.

    _____

    _____

2. De quel incident en particulier allez-vous parler?

    _____

    _____

    _____

3. Où se passait l'histoire? À quelle époque de votre vie? Quelles étaient les circonstances? Quel était votre état d'esprit?

    _____

    _____

    _____

    _____

    _____

4. Donnez une chronologie des événements en employant les expressions présentées ci-dessus (*Actes de parole, pour situer un événement dans le temps, pour narrer chronologiquement, pour parler des événements inattendus*).

    _____

    _____

    _____

    _____

    _____

5. Pensez à un ou à plusieurs dialogues que vous allez reproduire. Ébauchez-en le contenu ci-dessous:

_____

_____

_____

_____

_____

 ÉCRIVEZ

Suivez les conseils proposés ci-dessous ainsi que les indications données par votre professeur pour bien rédiger votre composition.

1. **Premier jet.** Écrivez une première ébauche en incluant les éléments esquissés dans la partie *Mise en pratique:* situation, développement de la chronologie, illustration au moyen de dialogues, établissement de la nouvelle perspective.

2. **Retouches.** Maintenant, relisez attentivement votre texte. Pensez à varier votre récit en changeant de voix et de techniques (style direct et indirect, par exemple). Vérifiez votre grammaire, en faisant surtout attention aux temps des verbes employés dans la narration. Et bien sûr, n'oubliez pas d'accorder sujet-verbe, nom-adjectif et article-substantif.

3. **Dictionnaire personnel.** De quels nouveaux mots vous êtes-vous servi pour écrire votre récit? Ajoutez-les à votre dictionnaire personnel.

4. **Révision en groupes.** Commentez et corrigez la composition d'un(e) autre/ d'autres selon le système proposé par votre professeur.

5. **Version finale.** En considérant les commentaires suggérés par les étudiants et/ou le professeur, rédigez la version finale.

 ÉCRITURE LIBRE

Choisissez un sujet parmi les suivants et écrivez vos réflexions dans votre journal, selon les indications de votre professeur.

1. Racontez une histoire où une voiture fournit la scène ou le prétexte de l'action. Suggestions: un voyage; un accident; une soirée.

2. Racontez une histoire qui relie les trois photos.

3. Un autre sujet de votre choix.

Chapitre

4

L'ESSAI

L'essai est un type de discours qui, avant tout, *suggère* ou *incite*. Il ne vise (*aims*) pas à transmettre un savoir, mais plutôt à le mettre en scène ou à le mettre en question par un style polémique, parodique, démonstratif ou ludique (*playful*).

L'essai a une longue tradition en littérature française et peut être illustré par Montaigne, Pascal, Diderot, Voltaire, Valéry, Sartre, Camus, de Beauvoir et Barthes.

SUR L'AUTEUR ...

Né en Algérie, Albert Camus (1913–1960) fait des études de philosophie et doit renoncer à l'enseignement pour des raisons de santé. Il se passionne pour le théâtre, fonde une troupe, adapte et écrit de nombreuses pièces. Il devient journaliste à Alger, puis à Paris et, pendant la guerre, collabore au journal clandestin *Combat* (ses articles sont rassemblés sous le titre d'*Actuelles* I à III, 1950–1958). Auteur d'essais et de romans, il prend part à des batailles philosophiques et politiques. Le prix Nobel de la littérature lui est décerné en 1957.

POUR DISCUTER

Comment s'organise un essai? Quels sont les paragraphes les plus importants dans un essai? Pourquoi? Qu'est-ce qui rend un essai faible ou fort? Où les essais sont-ils publiés? Pourquoi lit-on des essais? Pourquoi les écrire?

Albert Camus
— LA CONTAGION —

L'essai suivant d'Albert Camus a été publié dans le journal *Combat* (numéro du 10 mai 1947) à la suite d'une émeute qui avait éclaté deux mois avant dans plusieurs régions de l'île de Madagascar[1]. Elle avait fait plusieurs milliers de morts, dont cent cinquante Français. À la suite de cet événement, les dirigeants du Mouvement Démocratique de Révolution Malgache ont été arrêtés. Soixante-quinze accusés, originaires de Fianarantsoa[2], ont comparu devant le tribunal militaire en se plaignant de tortures. Dans cet essai, Camus fait cas de cet incident pour persuader le lecteur que le racisme est à la base de ces actions et que ce racisme est intolérable.

1   Il n'est pas douteux que la France soit un pays beaucoup moins raciste que tous ceux qu'il m'a été donné de voir. C'est pour cela qu'il est impossible d'accepter sans révolte les signes qui apparaissent, çà et là, de cette maladie stupide et criminelle.

2   Un journal du matin titre sur plusieurs colonnes en première page: «L'assassin Raseta°». C'est un signe. ... [A]ucun journaliste n'aurait osé un pareil titre si l'assassin supposé s'appelait Dupont ou Durand. Mais M. Raseta est malgache, et il doit être assassin de quelque façon. Un tel titre ne tire donc pas à conséquence.° [...]

3   De même, on est toujours sûr de tomber, au hasard des journées, sur un Français, souvent intelligent par ailleurs, et qui vous dit que les Juifs exagèrent vraiment. Naturellement, ce Français a un ami juif qui, lui, du moins ... Quant aux millions de Juifs qui ont été torturés et brûlés, l'interlocuteur n'approuve pas ces façons, loin de là. Simplement, il trouve que les Juifs exagèrent et qu'ils ont tort de se soutenir les uns les autres, même si cette solidarité leur a été enseignée par le camp de concentration.

5   *un des dirigeants des rebelles malgaches*

is of no consequence

10

---

1. Madagascar, colonie française jusqu'en 1960, se trouve au sud-est de l'Afrique dans l'océan Indien. Les habitants s'appellent les *Malgaches*.
2. Ville du sud-est de Madagascar.

4   Oui, ce sont là des signes. Mais il y a pire. On a utilisé en Algérie, il y a un an, les méthodes de la répression collective. *Combat* a révélé l'existence de la chambre d'aveux «spontanés»[3] de Fianarantsoa. Et, ici non plus, je n'aborderai pas le fond du problème, qui est d'un autre ordre. Mais il faut parler de la manière, qui donne à réfléchir.

5   Trois ans après avoir éprouvé les effets d'une politique de terreur, des Français enregistrent ces nouvelles avec l'indifférence des gens qui en ont trop vu. Pourtant, le fait est là, clair et hideux comme la vérité: nous faisons, dans ces cas-là, ce que nous avons reproché aux Allemands de faire. Je sais bien qu'on nous en a donné l'explication. C'est que les rebelles malgaches, eux aussi, ont torturé des Français. Mais la lâcheté° et   cowardice le crime de l'adversaire n'excusent pas qu'on devienne lâche et criminel. Je n'ai pas entendu dire que nous ayons construit des fours crématoires pour nous venger des nazis. Jusqu'à preuve du contraire nous leur avons opposé des tribunaux. La preuve du droit, c'est justice claire et ferme. Et c'est la justice qui devrait représenter la France.

6   En vérité, l'explication est ailleurs. Si les hitlériens ont appliqué à l'Europe les lois abjectes qui étaient les leurs, c'est qu'ils considéraient que leur race était supérieure et que la loi ne pouvait être la même pour les Allemands et pour les peuples esclaves. Si nous, Français, nous révoltions contre cette terreur, c'est que nous estimions que tous les Européens étaient égaux en droit et en dignité. Mais si, aujourd'hui, des Français apprennent sans révolte les méthodes que d'autres Français utilisent parfois envers des Algériens ou des Malgaches, c'est qu'ils vivent, de manière inconsciente, sur la certitude que nous sommes supérieurs en quelque manière à ces peuples et que le choix des moyens propres à illustrer cette supériorité importe peu.

7   Encore une fois, il ne s'agit pas de régler ici le problème colonial, ni de rien excuser. Il s'agit de détecter les signes d'un racisme qui déshonore tant de pays déjà et dont il faudrait au moins préserver le nôtre. Là était et devrait être notre vraie supériorité, et quelques-uns d'entre nous tremblent que nous la perdions. S'il est vrai que le problème colonial est le plus complexe de ceux qui se posent à nous, s'il est vrai qu'il commande l'histoire des cinquante années à venir, il est non moins vrai que nous ne pourrons jamais le résoudre si nous y introduisons les plus funestes° préjugés.   unfortunate

8   Et il ne s'agit pas ici de plaider pour un sentimentalisme ridicule qui mêlerait toutes les races dans la même confusion attendrie°. Les hommes ne se ressemblent pas,   sentimental il est vrai, et je sais bien quelle profondeur de traditions me sépare d'un Africain ou d'un musulman. Mais je sais bien aussi ce qui m'unit à eux et qu'il est quelque chose en chacun d'eux que je ne puis mépriser sans me ravaler° moi-même. C'est pourquoi il   disparage est nécessaire de dire clairement que ces signes, spectaculaires ou non, de racisme révèlent ce qu'il y a de plus abject et de plus insensé° dans le cœur des hommes. Et   insane c'est seulement lorsque nous en aurons triomphé que nous garderons le droit difficile de dénoncer, partout où il se trouve, l'esprit de tyrannie ou de violence.

— *Combat, le 10 mai 1947*

 RÉFLEXIONS

Quel est le problème dont Camus parle dans son essai? Quelle est votre réaction à son argument? Ce problème existe-t-il toujours? Citez un exemple.

---

3. Expression ironique; il s'agit d'une chambre de torture.

COMPRÉHENSION DU TEXTE

1. Dans le premier paragraphe, à quelle sorte de signe est-ce que l'auteur se réfère? Quel est le premier de ces signes illustré dans le texte (paragraphe 2)?

_____

_____

_____

_____

2. Sur quel ton est-ce qu'il faut comprendre la dernière ligne du deuxième paragraphe?

_____

_____

3. Selon Camus, quels reproches est-ce qu'on fait aux Juifs? Comment est-ce que l'auteur répond à ces reproches (paragraphe 3)?

_____

_____

_____

4. Est-ce que les Français sont sensibles aux atrocités commises sur les Malgaches (paragraphes 4 et 5)? Pourquoi ou pourquoi pas?

_____

_____

_____

5. Comment est-ce que les Français justifient ces actions?

_____

_____

_____

6. Par quel raisonnement est-ce que Camus prouve que les Français ont tort?

_____

_____

_____

7. Quelle comparaison est-ce que l'auteur fait entre les Français et les nazis (paragraphe 6)?

_____

_____

_____

8. D'après Camus, quelle devrait être la vraie supériorité des Français (paragraphe 7)?

_____

_____

_____

9. De quel triomphe est-ce que l'auteur parle dans le dernier paragraphe? Quel droit est-ce que ce «triomphe» accorderait aux Français?

_____

_____

_____

_____

ANALYSE STRUCTURELLE

1. Quelle est la thèse de l'auteur? Où se trouve-t-elle dans l'essai?

_____

_____

_____

2. Par quel(s) procédé(s) (exemples, comparaisons, contrastes) est-ce que l'auteur soutient sa thèse?

_____

_____

_____

3. Selon vous, est-ce que Camus choisit ses exemples au hasard? Voyez-vous une progression dans son choix?

_____

_____

_____

4. Dans le cinquième paragraphe, quel est le rôle de la dernière phrase, «Et c'est la justice qui devrait représenter la France»?

_____

_____

_____

5. Quel élément thématique du sixième paragraphe est repris dans le septième? Comment est-ce que ces deux paragraphes fonctionnent ensemble?

_____

_____

_____

_____

6. Quelle est la fonction du dernière paragraphe? Quel est son rapport avec le premier?

_____

_____

_____

_____

7. En vous basant sur les questions qui précèdent, donnez la fonction (présenter, expliquer, donner des exemples, etc.) de chaque paragraphe de l'essai.

Paragraphe	Fonction
Paragraphe 1	
Paragraphe 2	
Paragraphe 3	
Paragraphe 4	
Paragraphe 5	
Paragraphe 6	
Paragraphe 7	
Paragraphe 8	

8. Quel est le mot clé de cet essai? À quels moments est-ce qu'il apparaît? Quelle en est la fonction?

_____

_____

_____

ANALYSE STYLISTIQUE

1. Relevez trois exemples du parallélisme trouvés dans l'essai. Quels sont les effets stylistiques de ce procédé?

_____

_____

_____

2. Par quel moyen est-ce que les trois dernières phrases du cinquième paragraphe s'enchaînent? Trouvez d'autres exemples de ce procédé.

_____

_____

_____

3. Repérez les mots et expressions ci-dessous dans le texte. Ensuite, indiquez leur fonction linguistique en vous basant sur le contexte.

c'est pour cela (ligne 2)　　　　il s'agit de (ligne 37)
je n'aborderai pas (ligne 16)　　il est non moins vrai (41)
le fait est là (lignes 19–20)　　je sais bien (ligne 45)
en vérité (ligne 27)　　　　　　c'est pourquoi (ligne 47)

Exprimer la cause	Exprimer une opinion	Exprimer une conséquence	Exposer un problème	Constater

4. Dans le dernier paragraphe, Camus fait-il appel aux émotions ou au bon sens du lecteur? Citez des expressions pour justifier votre réponse.

_____

_____

_____

● LES ACTES DE PAROLE

Pour bien persuader le lecteur de votre point de vue, il est essentiel de présenter et développer votre opinion de façon logique et rigoureuse et de vous servir d'exemples qui pourront soutenir votre thèse. Les expressions et structures suivantes vous aideront à formuler ces notions.

Pour exposer une question, un problème

exposer aborder faire allusion à discuter d' parler d' traiter d'	un sujet	
mettre	une question une idée une thèse	en lumière
poser	la question de savoir comment faire	quelque chose.
constater	quelque chose	

Pour présenter une opinion personnelle

il s'agit il est question	de quelque chose		
il me semble il est sûr il est incontestable il est évident il est certain il est vrai il est probable il n'est pas douteux trouver croire penser être sûr(e)/certain(e) avoir l'impression	que (+ indicatif)	il semble il n'est pas sûr il me paraît il est possible il n'est pas certain il est étonnant il n'est pas probable il est douteux douter ne pas croire ne pas penser ne pas être sûr(e)/ certain(e) nier	que (+ subjonctif)

Selon moi ...
À mon avis ...

Pour donner des exemples

Par exemple,
À titre d'exemple,
Considérons/Prenons le cas de
Tel est le cas, par exemple, de

En exposant un problème, l'essai en évoque l'origine et les conséquences qui en résultent. Les expressions suivantes vous aideront à faire ressortir les rapports entre cause et effet.

Pour exprimer la cause

parce que comme puisque maintenant que du moment que étant donné que	+ indicatif

à cause de *(exprime la cause pure)* pour grâce à *(+ élément positif)* faute de *(exprime le manque)*	+ nom

Pour exprimer la conséquence

de sorte que de manière que de telle façon que si bien que	+ indicatif *(exprime la conséquence réalisée)*	de sorte que de manière que de façon que	+ subjonctif *(exprime la conséquence envisagée, voulue)*

amener attirer causer créer déchaîner	déclencher entraîner être responsable de forcer (de) inciter	occasionner produire provoquer susciter

Donc
C'est/Voilà pourquoi
C'est pour cela que
Voilà la raison pour laquelle
Par conséquent

EXERCICES

A. **Synonymes.** Trouvez une expression de la liste ci-dessus pour remplacer les mots en italique. Récrivez la phrase en faisant tous les changements nécessaires.

1. *Il n'est pas douteux* que la France est un pays beaucoup moins raciste que tous ceux qu'il m'a été donné de voir.

_____

_____

2. Simplement, *il trouve que* les Juifs exagèrent ...

_____

_____

3. *Par exemple,* on a utilisé en Algérie, il y a un an, les méthodes de la répression collective.

_____

_____

4. *C'est pour cela* qu'il est impossible d'accepter sans révolte les signes qui apparaissent, çà et là, de cette maladie stupide et criminelle.

_____

_____

5. Et ici non plus, je n'*aborderai* pas le fond du problème.

_____

_____

6. *Il est non moins vrai* que nous ne pourrons jamais le résoudre si nous y introduisons les plus funestes préjugés.

_____

_____

7. *Il s'agit de* détecter les signes d'un racisme qui déshonore tant de pays déjà et dont il faudrait au moins préserver le nôtre.

_____

_____

8. *C'est pourquoi* il est nécessaire de dire clairement que ces signes révèlent ce qu'il y a de plus insensé dans le cœur des hommes.

_____

_____

B. **Formulez.**   Formulez une phrase en utilisant les éléments donnés, en vous référant au vocabulaire indiqué ci-dessus.

1. Il est douteux / le problème du racisme / être réglé facilement.

_____

_____

2. Bien que nous / connaître l'origine du problème, il est difficile de le combattre.

_____

_____

3. Certains Français sont devenus silencieux puisqu'ils / éprouver les effets d'une politique de terreur.

_____

_____

4. Il faut lutter de sorte que le racisme / être supprimé.

_____

_____

5. J'ai l'impression que l'auteur / finir sur un ton optimiste.

_____

_____

6. Je ne doute pas que sa conclusion / être juste.

_____

_____

C. **Racisme: pourquoi la France?**   Pendant la nuit du 10 mai 1990, les membres d'un groupe néo-nazi ont profané le cimetière juif de Carpentras, petite ville du Midi de la France. Le passage suivant a été tiré d'un reportage sur ce crime. Complétez le reportage par une des expressions données ci-dessous.

par conséquent	à cause de	provoquer
il est évident	de sorte que	puisque

1. La profanation du cimetière juif de Carpentras _____ un sursaut de révolte — 200 000 personnes lundi dernier dans les rues de Paris —

2. _____ elle a mis en scène l'antisémitisme à l'état pur, dans un rituel voulu, prémédité.

3. _____ l'affaire Carpentras, beaucoup s'avouèrent subitement ce qu'ils refusaient jusqu'ici de s'avouer.

4. _____, les élites dirigeantes se voient enfin obligées de considérer avec gravité ce qu'elles avaient souvent toléré avec légèreté.

5. _____ que l'histoire récente révèle beaucoup d'actes d'intolérance. Depuis la fin de la guerre, l'extrême droite française n'a jamais cessé de patauger (to be awash) dans l'antisémitisme.

6. La nouveauté, c'est qu'elle s'estime capable de le faire à l'air libre, _____ son expression publique choque de moins en moins.

● La stylistique

Pour mettre en relief

Un des procédés dont dispose Camus pour mettre en valeur un élément du discours, c'est la mise en relief. Cette technique attire l'attention du lecteur sur une proposition en signalant son importance pour le développement de l'argumentation. En voici quelques exemples.

C'est (ce sont) +	sujet	**+ qui**
	objet direct	**+ que**
	groupe prépositionnel	**+ que**
C'est que +	phrase explicative	

> *Ce sont* des sentiments racistes *qui* ont inspiré ce crime.
> *C'est* un crime affreux *que* tout membre du gouvernement a dénoncé immédiatement.
> *C'est* sur l'indifférence *qu'*il faut s'interroger.
> *C'est que* les rebelles malgaches eux aussi ont torturé les Français.

On peut mettre en relief tout substantif dans une phrase en employant le pronom tonique *(moi, toi, lui, elle, nous, vous, eux, elles)* qui lui correspond:

> Si *nous*, Français, nous révoltions contre cette terreur ...

Pour mettre en relief la conséquence d'un fait, utilisez:

si + la conséquence + **c'est que** + explication

> *Si* les hitlériens ont appliqué à l'Europe leurs lois abjectes ... *c'est qu'*ils considéraient que leur race était supérieure ...

EXERCICE

D. **La mise en relief.** Récrivez les phrases suivantes en employant *c'est/ce sont ... qui, c'est/ce sont ... que* ou un pronom tonique pour mettre l'accent sur les mots en italique.

1. *Les chiffres* révèlent une accélération fantastique des actes de racisme.

_____

_____

2. *L'extrême droite* est responsable de plusieurs de ces actes.

_____

_____

3. Le Front national fait appel *à l'extrême droite française.*

_____

_____

4. *L'intolérance* a provoqué ces crimes.

_____

_____

5. La plupart des Français ont réagi *avec outrage.*

_____

_____

L'opposition

Pour juxtaposer deux faits ou idées, Camus oppose une formule positive à son contraire (ou vice-versa).

> Encore une fois, *il ne s'agit pas de* régler ici le problème colonial, ni de rien excuser. *Il s'agit de* détecter les signes d'un racisme qui déshonore tant de pays déjà ...

Pour renforcer son opinion, Camus ajoute une expression adverbiale à l'expression déjà énoncée.

> *S'il est vrai que* le problème colonial est le plus complexe de ceux qui se posent à nous, ... *il est non moins vrai que* nous ne pourrons jamais le résoudre si nous y introduisons les plus funestes préjugés.

EXERCICES

E. **Le renforcement.** Joignez les phrases suivantes en employant *s'il est vrai que ... il est non moins vrai que.*

1. Le racisme existe depuis toujours dans notre pays. On peut le combattre.

_____

_____

2. Un petit groupe antisémite a commis ce crime. Notre tolérance générale du racisme a permis à cet acte d'avoir lieu.

_____

_____

Écrivez deux phrases où vous opposerez deux propositions en utilisant *il s'agit de* et *il ne s'agit pas de.*

3. _____

_____

4. _____

_____

F. **Synthèse.**   Voici un extrait d'un autre essai de Camus. Lisez-le et répondez aux questions qui suivent.

Le XVIIᵉ siècle a été le siècle des mathématiques, le XVIIIᵉ celui des sciences physiques, et le XIXᵉ celui de la biologie. Notre XXᵉ siècle est le siècle de la peur. [...]

Ce qui frappe le plus, en effet, dans le monde où nous vivons, c'est d'abord, et en général, que la plupart des hommes (sauf les croyants de toutes espèces) sont privés d'avenir. Il n'y a pas de vie valable sans projection sur l'avenir, sans promesse de mûrissement et de progrès. Vivre contre un mur, c'est la vie des chiens. Eh bien! les hommes de ma génération et de celle qui entre aujourd'hui dans les ateliers et les facultés ont vécu et vivent de plus en plus comme des chiens.   10

Naturellement, ce n'est pas la première fois que des hommes se trouvent devant un avenir matériellement bouché. Mais ils en triomphaient ordinairement par la parole et par le cri. Ils en appelaient à d'autres valeurs, qui faisaient leur espérance. Aujourd'hui, personne ne parle plus (sauf ceux qui se répètent), parce que le monde nous paraît mené par des forces aveugles et sourdes   15 qui n'entendront pas les cris d'avertissements, ni les conseils, ni les supplications. Quelque chose en nous a été détruit par le spectacle des années que nous venons de passer. Et ce quelque chose est cette éternelle confiance de l'homme, qui lui a toujours fait croire qu'on pouvait tirer d'un autre homme des réactions humaines en lui parlant le langage de l'humanité. [...]   20

Entre la peur très générale d'une guerre que tout le monde prépare et la peur toute particulière des idéologies meurtrières, il est donc bien vrai que nous vivons dans la terreur. Nous vivons dans la terreur parce que la persuasion n'est plus possible [...], parce que nous vivons dans le monde de l'abstraction, celui des bureaux et des machines, des idées absolues et du   25 messianisme sans nuances [...].

Pour sortir de cette terreur, il faudrait pouvoir réfléchir et agir suivant sa réflexion. Mais la terreur, justement, n'est pas un climat favorable à la réflexion. Je suis d'avis, cependant, au lieu de blâmer cette peur, de la considérer comme un des premiers éléments de la situation et d'essayer d'y remédier. [...]   30

— *tiré de* Combat, *novembre 1946*

1. Trouvez deux exemples de parallélisme.

_____

_____

2. Trouvez deux exemples de mise en relief.

_____

_____

3. Trouvez une expression utilisée pour faire une affirmation.

_____

_____

4. Trouvez une expression utilisée pour donner une opinion.

_____

_____

5. Dans quelle phrase est-ce que l'auteur propose une solution?

_____

_____

VOCABULAIRE

L'injustice dans la société

Substantifs	Verbes	Adjectifs
le racisme (un[e] raciste)	avoir un/des préjugé(s)	raciste
le sexisme (un[e] phallocrate)	être contre / en faveur de	tolérant(e) / intolérant(e)
la discrimination (raciale, sexuelle)	favoriser / défavoriser	chauvin(e)
le harcèlement sexuel	harceler	juste / injuste
le chauvinisme	attaquer	
la justice / l'injustice	prêcher pour/contre	
la tolérance / l'intolérance	expulser	
la persécution		
la ségrégation / l'intégration		
une politique / une loi		
l'égalité / l'inégalité		

EXERCICES

G. **Quel mot?** Choisissez un mot de la liste précédente qui correspond aux définitions proposées.

1. L'identité nationale poussée à l'extrême.

_____

2. Un règlement.

_____

3. Quand un groupe défavorise un autre à cause de sa race ou de son origine ethnique.

_____

4. Quand, par exemple, le patron maltraite une femme dans son emploi.

_____

5. Quand les races vivent séparées les unes des autres.

_____

H. **Associations.**   Quels mots/quelles expressions est-ce que vous associez aux mots suivants? Choisissez-en de la liste ci-dessus ou d'autres.

1. l'inégalité:

_____ , _____ , _____

2. avoir des préjugés contre:

_____ , _____ , _____

3. le sexisme:

_____ , _____ , _____

4. la tolérance:

_____ , _____ , _____

5. favoriser:

_____ , _____ , _____

I. **Pratique.**   Avez-vous déjà été victime d'une injustice? Racontez brièvement cet incident dans votre journal en utilisant le vocabulaire présenté ci-dessus.

MISE EN PRATIQUE

Vous allez écrire un essai de quatre paragraphes qui traite de l'intolérance sur votre campus ou dans votre ville.

1. Quel événement récent sur votre campus ou dans votre ville a été suscité par l'intolérance? Précisez l'événement: ce qui s'est passé et quand; les partis impliqués.

_____

_____

_____

_____

2. Écrivez une phrase complète où vous présentez le problème *(the issue)* qui a causé cet événement.

_____

_____

_____

3. Exprimez votre opinion sur ce problème en une seule phrase. Les expressions à la page 78 pourraient vous aider.

_____

_____

_____

4. Quels autres exemples récents ou historiques pourriez-vous citer pour illustrer la gravité du problème?

_____

_____

_____

_____

ÉCRIVEZ

Suivez les conseils proposés ci-dessous ainsi que les indications données par votre professeur pour bien rédiger votre composition.

1. **Premier jet.** Révisez l'analyse structurelle et stylistique de l'essai de Camus aux pages 75 et 77. Ensuite, faites une esquisse de votre essai en suivant les indications ci-dessous:

   • Premier paragraphe: le problème et votre opinion.

   • Deuxième paragraphe: un exemple et votre réaction.

   • Troisième paragraphe: encore un exemple et son importance pour le développement de votre argument.

   • Conclusion: un appel à la raison et au bon sens du lecteur.

2. **Retouches.** Maintenant, relisez attentivement votre texte. Élaborez votre brouillon en employant les formules acquises dans ce chapitre. Vérifiez votre grammaire, en faisant surtout attention aux temps des verbes employés dans la narration. Et bien sûr, n'oubliez pas d'accorder sujet-verbe, nom-adjectif, article-substantif.

3. **Dictionnaire personnel.** De quels nouveaux mots vous êtes-vous servi pour écrire votre récit? Ajoutez-les à votre dictionnaire personnel.

4. **Révision en groupes.** Commentez et corrigez la composition d'un(e) autre/ d'autres selon le système proposé par votre professeur.

5. **Version finale.** En considérant les commentaires suggérés par les étudiants et/ou le professeur, rédigez la version finale.

ÉCRITURE LIBRE

Choisissez un sujet parmi les suivants et écrivez vos réflexions dans votre journal, selon les indications de votre professeur.

1. Écrivez un essai dans lequel vous persuaderez une/des personne(s) que vous connaissez de changer un aspect de leur vie: d'étudier plus ou moins; de faire plus ou moins de sport; d'arrêter de fumer, par exemple. Considérez bien le style de votre discours: polémique, parodique, démonstratif ou ludique.

2. Cherchez une réclame qui exprime — d'une façon explicite ou implicite — une opinion sur certaines personnes (les femmes, les hommes, les riches, les minorités, par exemple). Quel est le message sous-entendu dans cette publicité? Expliquez pourquoi vous trouvez cette publicité injurieuse ou inoffensive.

3. Un autre sujet de votre choix.

Chapitre

LA COMPOSITION

Il s'agit d'un travail écrit, qui permet de développer et d'ordonner des idées, à propos d'un problème posé (le sujet de la composition). L'auteur de la composition doit faire preuve de réflexion personnelle, de culture et de logique. Ce genre d'exercice est caractéristique de l'éducation en France, au lycée et à l'université, surtout en sciences humaines.

SUR L'AUTEUR …

Cette composition représente l'adaptation d'un devoir d'une étudiante de classe terminale de lycée.

POUR DISCUTER

Pensez au mot *éducation*. Quelles associations ce mot a-t-il pour vous? Remplissez le schéma ci-dessous avec les associations qui vous viennent à l'esprit. Ensuite, cherchez le mot *éducation* dans un dictionnaire français–français. Commentez les définitions. Quels sens vous semblent les plus importants?

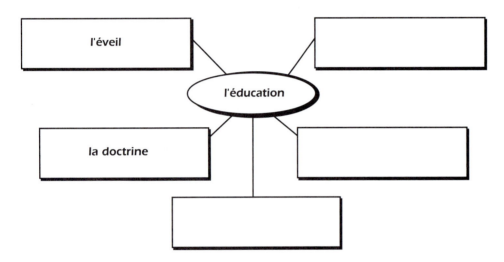

Maintenant, considérez ce commentaire sur l'éducation: «L'essentiel dans l'éducation, ce n'est pas la doctrine enseignée, c'est l'éveil.» Expliquez avec vos propres mots ce que cela pourrait dire. Quels seraient des arguments pour ou contre cette thèse?

EXEMPLE DE DISSERTATION DU NIVEAU DU BACCALAURÉAT

Le sujet proposé aux élèves demande une analyse d'une citation d'Ernest Renan[1]: *Expliquez cette pensée de Renan en vous aidant de votre expérience personnelle et en vous appuyant sur des exemples précis, tirés des œuvres que vous connaissez:*

«L'essentiel dans l'éducation, ce n'est pas la doctrine enseignée, c'est l'éveil.»

---

1. Ernest Renan (1823–1892) était un positiviste, c'est-à-dire un penseur qui faisait de la science sa religion, parce que la religion chrétienne l'avait déçu. Auteur d'ouvrages historiques, le plus souvent religieux, d'esthétique ou de morale, Renan prenait pour guide l'objectivité, tout en restant sceptique sur nombre de sujets.

1   Quelles sont les finalités de l'éducation? Un auteur du siècle passé, Ernest Renan, proposait déjà un programme d'éducation qui semble très moderne: «L'essentiel dans l'éducation, a-t-il affirmé, ce n'est pas la doctrine enseignée, c'est l'éveil.» Il opposait une tâche primordiale° à l'éducation, celle d'éveiller, à une tâche accessoire°, qui serait le contenu enseigné. Ce noble rôle assigné à l'éducation semble justifiable. Pourtant, il ⁵ faut éviter deux écueils°: le laxisme° au profit de l'éveil, ou au contraire, un enseigne-ment purement utilitaire. En réalité, une éducation idéale est affaire d'équilibre et de réflexion sur ses modalités°.

essential task / secondary

stumbling blocks / laxness

methods

2a   L'éducation est surtout une méthode d'éveil. L'étymologie du mot *éducation* en souligne l'aspect essentiel. «*Educare*» en latin signifie nourrir un petit animal, le for- ¹⁰ mer. Ce verbe est formé sur la racine «*ducere*» qui veut dire *conduire*. L'éducation est donc bien une démarche° qui vise à° former un individu. La nourriture peut être maté-rielle ou spirituelle. Il s'agit d'ouvrir les yeux et les esprits des enfants, de leur faire découvrir le monde qui les entoure et leur monde intérieur.

process / aims at

2b   L'éducation est un dynamisme: en ne se contentant pas d'apporter un contenu, ¹⁵ une masse de connaissances, elle devient une manière d'aborder tous les sujets. L'éty-mologie grecque du mot *méthode* signifie *chemin*. On peut raisonner aussi bien en sci-ences qu'en arts. L'important est avant tout d'apprendre à apprendre, d'éveiller la curiosité: c'est elle qui facilite l'acquisition de connaissances, parce que l'élève a le goût d'apprendre. ²⁰

2c   Méthode d'éveil, l'éducation aide au développement de la personnalité. En effet, elle forme l'esprit puisqu'elle entraîne les facultés intellectuelles, la mémoire, la logi-que, la créativité. «Instruire, c'est former le jugement», affirmait Montaigne[2] au XVIe siècle déjà, dans sa conception fort moderne de l'éducation.

2d   Enfin, elle est source de formation morale et civique. L'éducation doit former des ²⁵ citoyens plus respectueux du bien et du bonheur d'autrui°. «Ouvrez des écoles, vous fermerez des prisons», affirmait Victor Hugo[3] au siècle dernier. Mais, l'éducation ne s'arrête pas à l'école. La pratique de la vie en société polit° les hommes. Montesquieu[4] a montré dans *L'Esprit des lois* combien la vie civique était capitale dans la formation complète d'un individu: "C'est lorsque nous entrons dans le monde que l'éducation ³⁰ commence. Là est l'école de ce que l'on appelle *l'honneur.*»

others

polishes

3   L'éducation en effet a pour tâche essentielle d'éveiller la personnalité de cha-cun(e), de lui apprendre à gérer° des connaissances plus qu'à lui inculquer° ces connaissances brutes°. Elle doit éviter l'écueil d'un savoir formel et sclérosé°. Pourtant, elle doit aussi veiller à ne pas tomber dans l'excès d'une école vidée de° substance. ³⁵

to direct / to instill

raw / petrified

devoid of

4a   Au nom de l'épanouissement° libre des enfants, on a voulu abolir les savoirs tra-ditionnels, ouvrir les murs de l'école sur la rue, vidant par là-même l'école de son sens. Ainsi, nombre de sorties scolaires dispensent d'apprendre, sont plus des récréations que l'occasion d'un enrichissement. Ou bien pour adapter l'école à la réalité du temps, on y reproduit les schémas de sélection de la vie active, on veut y faire entrer la vie de ⁴⁰ l'entreprise, le travail à la chaîne° (succession des cours, gestion du temps). L'école n'est alors plus un lieu privilégié et protégé, mais un avant-goût du futur qui pousse non à la réflexion, mais à la paresse° intellectuelle.

development

assembly line work

laziness

4b   Couper l'école du monde extérieur est certes anachronique: elle ne développe qu'un savoir sclérosé, un savoir de pédant qui n'est qu'un vernis° destiné à réussir un ⁴⁵ examen, mais qui n'apporte rien à la formation de la personnalité. Inversement, ne proposer qu'un enseignement rentable°, pragmatique, efficace, tue la mission d'éveil

varnish, finish

practical

---

2. Michel de Montaigne (1533–1592): auteur des *Essais,* ouvrage contenant ses réflexions sur des sujets divers, dont l'éducation.

3. Victor Hugo (1802–1885): romancier et poète du dix-neuvième siècle, auteur des *Misérables.*

4. Michel de Montesquieu (1748–1791): écrivain du dix-huitième siècle, auteur de *L'Esprit des lois* et des *Lettres persanes.*

de l'éducation. On privilégie les «doctrines», par exemple les mathématiques et les sciences deviennent un critère de sélection dans les classes. L'éducation est orientée parce que la société privilégie l'efficacité: elle doit déboucher° sur un métier, mais risque d'être vidée de son âme.   50   lead to

5   Si les buts de l'éducation sont bien ce que préconise° Renan, force est de constater que ses moyens de réalisation restent problématiques: comment maintenir l'équilibre entre «l'éveil» et la «doctrine enseignée»?   advocate

6a   Une éducation idéale cultive l'inutile, le savoir non rentable et le goût de   55   l'apprentissage volontaire. «Il n'y a pas de véritable éducation sans une part totalement inutile» affirme Michel Tournier[5] dans un entretien. Ainsi, le goût de la lecture permet une évasion temporaire des obligations quotidiennes. Même ce qui paraît inutile aux yeux de la société peut enrichir l'individu. Anatole France[6] se souvient de sa vie oisive° en ces termes: «Je menais une vie contemplative et solitaire. Alors,   60   leisurely comme je n'étudiais rien, j'apprenais beaucoup.»

6b   L'éducation doit être un processus qui déborde° le cadre de l'école et utilise les   goes beyond technologies nouvelles. Rousseau[7], déjà, voulait que son élève idéal Émile apprît non dans des cours magistraux°, mais au fur et à mesure° de son contact avec le monde: la   large lecture classes / géométrie lorsqu'il voulait traverser une rivière, la géologie et la botanique dans ses   65   in the process of promenades champêtres. Aujourd'hui, l'emploi de la télévision, diapositives, disques compact, films est un atout° considérable: par exemple, le film d'Alain Resnais, *Nuit et*   advantage *Brouillard,* impose avec plus de force l'horreur des camps d'extermination que ne le ferait un discours.

6c   Le professeur doit être un guide, plutôt que le détenteur° d'un savoir absolu,   70   possessor capable de favoriser un travail pluridisciplinaire, il doit dispenser un enseignement qui soit plutôt un savoir-être qu'un savoir-faire, aider les adolescents à passer le cap°   point difficile de l'accession à l'âge adulte.

7   Dans ce débat sur les finalités de l'éducation, il convient de maintenir un équilibre entre «doctrine» et «éveil», les deux devant s'associer. C'est de cette union que   75   peut naître l'équilibre auquel chacun aspire, équilibre entre soi et le monde de ses semblables, équilibre en soi-même également. Une éducation bien comprise donne donc les moyens de vivre pleinement.

RÉFLEXIONS

Résumez les idées de l'auteur sur l'éducation. Comparez-les à vos propres associations suggérées dans le schéma de *Pour discuter* (page 90).

COMPRÉHENSION DU TEXTE

1. Dans le premier paragraphe, l'auteur semble-t-il d'accord ou non avec la thèse de Renan?

   _____

   _____

2. Qu'est-ce que l'étymologie latine de «l'éducation» révèle sur le sens du mot?

   _____

   _____

---

5. Michel Tournier: auteur du vingtième siècle (voir le Chapitre 1).

6. Anatole France (1844–1924): auteur de romans historiques ou de mœurs.

7. Jean-Jacques Rousseau (1712–1778): philosophe du dix-huitième siècle, auteur des *Confessions* et d'un ouvrage sur l'éducation de l'enfant, *Émile.*

3. Qu'est-ce que l'étymologie grecque du mot «méthode» révèle sur le sens du mot?

_____

_____

4. Comment l'éducation stimule-t-elle la formation de la personnalité?

_____

_____

5. Quels sont les dangers d'ouvrir l'école sur le monde extérieur?

_____

_____

_____

6. Comment l'éducation peut-elle faire développer le goût de l'inutile?

_____

_____

_____

7. Quel est le rôle du professeur dans l'éducation?

_____

_____

8. Tout en voulant garder un équilibre, l'auteur exprime-t-il un point de vue qui favorise un aspect de l'éducation plus qu'un autre?

_____

_____

_____

ANALYSE STRUCTURELLE

Le sujet

1. Lisez attentivement la phrase qui présente le sujet de la composition. Quels en sont les mots clés?

_____

_____

2. Quel est le problème posé?

_____

_____

La structure: l'introduction

3. La composition française se compose d'une *introduction,* d'un *développement* (le corps de la composition) et d'une *conclusion.* L'introduction sert à conduire le lecteur à l'intérieur de la composition. Le lecteur de la composition ne connaît pas le sujet. Il faut donc présenter le sujet et éveiller son intérêt. Lisez l'introduction (paragraphe 1) et distinguez-en deux parties, en indiquant le numéro de la ligne en question.

   a. Quelle partie introduit le sujet?

   _____

   b. Quelle partie suggère le plan de la composition?

   _____

4. Dans la première partie de l'introduction, vous trouverez deux mouvements. L'un va du général au particulier. Il s'agit de donner le cadre *(framework)* du sujet proposé. L'autre énonce clairement le problème à traiter. Indiquez la ligne où chacun commence.

   Premier mouvement: _____

   Deuxième mouvement: _____

5. Dans la deuxième partie de cette introduction, trois différentes parties du plan sont annoncées. Distinguez-les:

   a. _____

   b. _____

   c. _____

Le développement

Les qualités d'un développement réussi sont l'organisation rigoureuse en parties distinctes, l'ordre des idées et la progression du raisonnement. Les paragraphes 2 (a, b, c, d), 4 (a, b) et 6 (a, b, c) constituent les trois mouvements du développement.

6. Montrez que la première partie (paragraphes 2a, b, c, d) développe *la thèse* du devoir, c'est-à-dire que l'auteur donne son point de vue et développe une argumentation pour soutenir sa prise de position.

_____

_____

_____

_____

7. Chaque paragraphe introduit une idée nouvelle. Résumez, en une phrase, l'idée principale de chaque paragraphe:

Paragraphe 2a: _____

Paragraphe 2b: _____

Paragraphe 2c: _____

Paragraphe 2d: _____

8. La deuxième partie du devoir (paragraphes 4a, b) expose *l'antithèse*, c'est-à-dire que l'auteur présente un point de vue opposé à la thèse et développe une argumentation qui aboutit à une contradiction apparente. Expliquez l'idée principale de cette partie:

_____

_____

_____

9. Résumez chaque paragraphe:

Paragraphe 4a: _____

Paragraphe 4b: _____

10. La troisième partie (paragraphes 6a, b, c) offre une *synthèse,* c'est-à-dire que l'auteur combine les deux parties précédentes — thèse et antithèse — pour soutenir son avis personnel et élargir le sujet. Expliquez la synthèse ici.

_____

_____

_____

11. Résumez l'idée principale de chaque paragraphe.

Paragraphe 6a: _____

Paragraphe 6b: _____

Paragraphe 6c: _____

12. L'organisation de chaque paragraphe correspond au même principe: une idée est annoncée, puis elle est illustrée par un ou des exemples. Trouvez au moins trois exemples de ce principe d'organisation:

a. _____

b. _____

c. _____

13. Les paragraphes 3 et 5 sont des transitions. Elles assurent la continuité du développement, assurent l'enchaînement des parties, articulent logiquement l'argumentation. Expliquez comment les transitions font le lien entre la partie précédente et la partie suivante:

Paragraphe 3: _____

_____

Paragraphe 5: _____

_____

La conclusion

14. La conclusion (paragraphe 7) reprend les conclusions des différentes parties du développement et offre un avis définitif sur le problème posé. Expliquez la conclusion ici présentée:

_____

_____

_____

15. La conclusion peut également élargir le sujet. Comment cet élargissement final du problème est-il réalisé?

_____

_____

16. Faites un schéma récapitulatif de l'organisation de cette composition, en en soulignant les principes.

Introduction	
Développement: Thèse	
Antithèse	
Synthèse	
Conclusion	

Autres progressions possibles

Dans cette composition, une progression classique (thèse, antithèse, synthèse) a été choisie. D'autres progressions sont possibles. C'est souvent le sujet de la composition qui dictera le type de progression à choisir.

La Progression *explicative:*

- Explication du sujet
- Discussion

Exemple du procédé:

Une campagne publicitaire incitait la population à lire, avec la formulation suivante: «Un livre et tu vis plus fort.» Commentez.

[Explication du sujet]

Cette formule péremptoire demande explication. «Un livre», le singulier et l'article indéfini suffisent à exprimer l'extraordinaire liberté de choix que propose la lecture, liberté accrue par la facilité d'accès au livre peu onéreux.

«tu vis plus fort»: le livre élargit nos connaissances et accroît l'intensité de la vie.

Cette formule est tentante par sa simplicité et efficace par ses termes impératifs. Discutons-la:

[Discussion]

La lecture permet de développer divers savoirs (pratique, encyclopédique, historique, philosophique, religieux); de vivre plusieurs vies (celle des personnages, des auteurs) et d'avoir des expériences fortes (amour, argent, aventure, métamorphose).

Pourtant, la lecture peut écarter de la vie réelle. On se fait une fausse idée de soi-même et d'autrui, on se réfugie dans les romans pour ne pas voir la réalité. Parfois même les livres invitent à l'autodestruction et à des expériences corrompues.

Enfin, le livre n'est pas le seul moyen de «vivre plus fort»: l'engagement politique, religieux, les arts permettent des expériences riches.

La Progression *problème/discussion:*

- Constat du problème
- Causes du problème
- Solutions

Exemple du procédé:

«Les drogues dans notre société:»

[Constat du problème]

Il semble nécessaire de se droguer pour «bien vivre» (consommation d'alcool, de tabac, de marijuana, d'héroïne, de produits chimiques variés ...). Or, ces drogues sont sources non pas tant de bonheurs éphémères, que d'accidents, maladies, violence, morts.

[*Causes du problème*]

Pourquoi prendre des drogues? Pour s'amuser? faire «comme les autres»? faire de nouvelles expériences? tenter d'atteindre un bonheur idéal? Il semble parfois nécessaire de boire ou de fumer en société pour être accepté. Mais en plus, on prend des drogues pour oublier la réalité, surmonter des problèmes personnels/professionnels et oublier la cruauté du monde extérieur. L'emploi des drogues n'est problématique que lorsqu'il est destructeur et/ou autodestructrice.

[*Solutions*]

Tout est affaire de contrôle et de dosage. Boire à l'occasion n'est pas nocif *(harmful),* si on prend soin de ne pas conduire, par exemple. Tout usage excessif et régulier est nocif et signale vraisemblablement un problème. Il s'agit de résoudre ce problème, avec l'aide d'autres personnes (médecins, conseillers, parents, amis, etc.).

ANALYSE STYLISTIQUE

1. Regardez la première ligne des paragraphes 2a, 2b, 2c et 2d (page 91). En quoi sont-elles similaires?

   _____

   _____

   _____

2. Dans les paragraphes 2a et 2b, quelle est la fonction de la deuxième ligne? Pourquoi fait-on appel à ces sources?

   _____

   _____

   _____

   _____

3. Pour illustrer une idée, on peut utiliser autre chose que des étymologies. Trouvez une autre technique dans les paragraphes 2c et 2d.

   _____

   _____

   _____

4. Trouvez les passages dans le texte où ces mots sont employés: *pourtant, en réalité, donc, en effet, enfin.* Étudiez leur sens dans le contexte; ensuite, indiquez leur fonction en vous servant des catégories ci-dessous:

Pour tirer une conclusion	Pour faire une réserve / introduire une opposition	Pour introduire un argument / une explication

5. Quel est le procédé utilisé dans cette phrase, tirée du dernier paragraphe: «C'est de cette union que peut naître *l'équilibre* auquel chacun aspire, *équilibre* entre soi et le monde de ses semblables, *équilibre* en soi-même également»? Trouvez d'autres exemples de ce procédé dans le texte. Quel est son effet stylistique?

_____

_____

_____

_____

6. Dans la phrase citée dans la question 5 ci-dessus, quel est le sujet de la phrase verbale «peut naître»? Quel est l'effet stylistique de cet ordre des mots (mise en valeur, rythme marqué ...)?

_____

_____

_____

7. Quel est le sens de l'expression *ne ... que* dans la phrase suivante, tirée du paragraphe 4g: «Elle ne développe qu'un savoir sclérosé»? Cherchez des synonymes de l'expression *ne ... que* dans le dictionnaire.

_____

_____

_____

8. Dans la phrase suivante, quelle est la forme du discours en italique? «En ne *se contentant* pas d'apporter un contenu, une masse de connaissances, elle devient une manière d'aborder tous les sujets.» Trouvez une autre façon de formuler la même phrase. Pourquoi l'auteur aurait-il choisi cette structure au lieu d'une autre?

_____

_____

_____

_____

LES ACTES DE PAROLE

Les transitions

Pour assurer la logique et la cohésion de votre argumentation, vous aurez besoin des termes d'articulation du discours qui suivent:

Pour établir une progression logique	Pour introduire une explication / une illustration / une précision	Pour faire une réserve / introduire une opposition	Pour tirer une conclusion
(Tout) d'abord / ensuite	Ainsi	À tout le moins	Enfin
D'ailleurs	Autre aspect positif / (négatif) de ...	Cependant	Pour (en) conclure
D'une part / d'autre part	Autre exemple (probant, convaincant)	Du moins	En conclusion
	C'est-à-dire	Excepté(e)	En définitive
De plus En outre En premier lieu / en second lieu Par ailleurs	Encore un exemple Notamment Par exemple	Exception faite de Mais Néanmoins Pourtant Tout au moins Toutefois	En fin de compte Finalement Pour (en) finir Pour toutes ces raisons Tout compte fait

EXERCICES

A. **La publicité.**   Remplacez le blanc par un terme d'articulation approprié, tiré du tableau ci-dessus.

La publicité est dangereuse. Elle est pleine de supercheries° habilement camouflées°, et sa force de persuasion est si grande que ses effets sont mal perçus du public, même quand il en est victime. Il convient de la décrier° comme elle le mérite.

_____ elle incite aveuglément à l'achat. À cause d'un slogan astucieux° ou d'une affiche habile, le consommateur est amené à faire un achat qu'il n'avait pas prévu. Souvent, cet achat dépasse ses moyens et obère° son budget du moment.

_____ la publicité exagère quand elle loue les qualités d'un article. À force de superlatifs, de mises en scène ingénieuses, de témoignages° artificiels, elle finit par convaincre le consommateur qu'un article est de grande qualité. L'achat de ce produit entraîne souvent la déception. Le consommateur est trompé. La publicité l'a insidieusement conditionné pour mieux le duper.

Cette publicité est _____ envahissante°. Les émissions radiophoniques sont continuellement interrompues par la diffusion de pages publicitaires. Les hebdomadaires de la presse écrite comptent autant de pages publicitaires que d'articles et de reportages. Les boîtes aux lettres sont encombrées par des prospectus divers qui consomment inutilement de

tricks
cleverly camouflaged
to denounce

clever

burdens

testimonials

invasive

grandes quantités de papier. À la longue, cette présence pléthorique° de la publicité agace. Et on ne peut s'y soustraire puisqu'elle est partout!

°massive

_____ la publicité est souvent impudique°, si ce n'est pas immorale. Les murs des villes sont couverts d'affiches d'un goût douteux et de nombreuses publicités valorisent excessivement le profit, le confort, la facilité.

°immodest

_____ je pense qu'il y a lieu de dénoncer vigoureusement les supercheries de la publicité. La meilleure façon d'y parvenir est encore d'éclairer le consommateur sur les qualités et défauts réels d'un article. C'est la tâche qu'a entreprise Ralph Nader aux U.S.A. et des revues telles que *Que choisir?* et *50 Millions de consommateurs* en France. La vulgarisation de semblables démarches° protégera mieux les gens de la publicité en même temps qu'elle les entraînera à observer, à comparer, à s'informer: c'est-à-dire à apprécier par eux-mêmes la valeur des choses.[8]

°the popularization of such actions

B. **L'astrologie n'est pas une science.**   Remplacez le blanc par un terme d'articulation approprié, tiré du tableau ci-dessus.

J'ai lu beaucoup de littérature astrologique et je connais plusieurs astrologues, que j'ai longuement questionnés. Par curiosité, j'ai fait faire mon thème central. En certains passages, je me suis reconnu, en d'autres, pas du tout. Je suis toujours impressionné par le nombre de gens intelligents, cultivés qui sont tout à fait à l'aise avec le discours astrologique ... Après ces précautions, laissez-moi vous dire pourquoi, moi, je m'y sens mal:

Je lui reproche, _____, d'avoir réponse à tout. Pour moi, les astrologues sont des virtuoses capables de retomber sur leurs pieds° en toutes circonstances ... Mais, à force de tout expliquer, on n'explique plus rien du tout. La démarche scientifique, au contraire, consiste à admettre ses limites, à tâtonner°, à se tromper, à se corriger, à ajuster continuellement le tir°.

°to land on their feet, i.e., to regroup
°to grope
°to adjust one's aim, i.e., to reformulate

Il y a un _____ problème. Je ne suis pas convaincu qu'il y ait un rapport réel entre l'astrologie et les astres. Par exemple, étant né le 13 juillet, les astrologues me disent que je suis Cancer, ce qui devrait impliquer que le Soleil, à ma naissance, se trouvait dans la constellation du Cancer. Or, c'était vrai il y a deux mille ans, mais ça ne l'est plus aujourd'hui. À ma naissance, le Soleil était dans les Gémeaux, et ça me gêne bien que l'on m'ait donné des «explications».

_____ : les fameuses «conjonctions». Pour l'homme antique, le ciel est une voûte° comme au planétarium. Les planètes s'y rencontrent vraiment. Mais dans l'immensité de l'espace réel, les rencontres et les «alignements» ne sont que des effets de perspective, sans intérêt astronomique.

°vault, dome

_____, l'astrologie me paraît tenir un discours rigide, incapable d'intégrer les découvertes récentes de l'astronomie moderne. Elle laisse froidement de côté des objets comme les galaxies, les pulsars, les trous noirs ...

Ma démarche personnelle, c'est de dire aux gens qu'il y a un autre discours, plus satisfaisant et plus acceptable pour un esprit critique, sur les rapports entre l'homme et l'univers. Dans mes livres, j'ai tenté de montrer comment, en intégrant les acquis° des sciences modernes, on arrive à situer l'être humain dans le grand mouvement de l'évolution cosmique, qui nous

°knowledge

8. *tiré de* Gilberte Niquet, *Structurer sa pensée, structurer sa phrase: Techniques d'expression orale et écrite* (Hachette, 1987), p. 116.

relie aux étoiles ainsi qu'à la pureté primordiale d'il y a quinze milliards
d'années. Cette nouvelle vision du monde me paraît de nature à assouvir°,   to satisfy
au moins partiellement, cette grande «soif d'âme» que nous sentons si vive
chez nos contemporains.

— *H. Reeves, Astrologie n'est pas science,*
«L'Express», n° 1722, 20/26 décembre 1985.[9]

C. **Quelle progression?**   Analysez la fonction de chaque paragraphe dans les textes
reproduits dans les exercices A et B. En vous reportant à la partie *Analyse structu-*
relle, identifiez la progression suivie par l'auteur *(thèse-antithèse, progression explica-*
tive, problème/discussion).

LA STYLISTIQUE

L'emploi adverbial du participe présent

Dans la question 8 de la partie *Analyse stylistique,* vous avez vu l'emploi du participe
présent pour exprimer la manière: il exprime comment une action s'effectue, la cause
ou les circonstances. Il s'emploie également pour exprimer la simultanéité. Utilisé dans
ce sens adverbial, le participe présent est précédé de la préposition *en.* Du point de vue
stylistique, cet emploi évite la répétition d'une suite de verbes à la même forme (troisième personne du singulier, par exemple), ainsi que les conjonctions telles que *puis-*
que, pendant que et *parce que,* qui pourraient alourdir le style:

> *Puisqu'elle ne se contente pas* d'apporter un contenu, une masse de connaissan-
> ces, elle devient une manière d'aborder tous les sujets. →
> «*En ne se contentant pas* d'apporter un contenu, une masse de connaissances,
> elle devient une manière d'aborder tous les sujets.» (paragraphe 2b)

EXERCICE

D. **Le participe présent.**   Dans les phrases suivantes, remplacez une des propositions par le participe présent. Précisez le sens (manière, cause, simultanéité) com-
muniqué.

> Quand on roule trop vite, on peut provoquer un accident.
> *En roulant trop vite, on peut provoquer un accident. (Exprime*
> *la manière.)*

1. Puisqu'elle incite à l'achat, la publicité est dangereuse.

_____

_____

2. Puisqu'il a reconnu ses torts, il s'est fait pardonner.

_____

_____

---

9. Ibid, p. 117.

3. Comme nous traversons une période de crise, nous devons être économes.

_____

_____

4. Elle lave les vitres pendant qu'elle écoute la radio.

_____

_____

5. Continue tes gammes: si tu persévères, tu obtiendras de bons résultats.

_____

_____

6. Pendant que nous marchions dans la nuit, nous avons vu une étoile filante.

_____

_____

7. Il est tombé parce qu'il courait trop vite.

_____

_____

8. Ils ont pu acheter cette maison parce qu'ils ont mis de l'argent de côté.

_____

_____

L'infinitif substantivé

L'infinitif peut s'employer comme substantif. L'infinitif substantivé peut être introduit par l'article; il est souvent repris par la construction *c'est*. Voici des exemples du texte:

> *Instruire*, c'est former le jugement. (paragraphe 2c)
> *Couper* l'école du monde extérieur est certes anachronique ... (paragraphe 4b)

Vous avez vu partout dans cette dissertation cet emploi de l'infinitif substantivé qui est passé dans le lexique de la langue:

> Une éducation idéale cultive l'inutile, *le savoir* non rentable et le goût de l'apprentissage volontaire. (paragraphe 6a)
> Le professeur doit donc dispenser un enseignement qui soit plutôt un *savoir-être* qu'un *savoir-faire*. (paragraphe 6c)

E. **L'infinitif.**   Remplacez le(s) expression(s) en italique par un infinitif. Renforcez le sens de l'expression en ajoutant *c'est* devant le deuxième verbe.

> *Quand on vit bien, on mange* bien.
> Vivre bien, c'est bien manger.

1. *Quand on mange bien, on se récompense* des ennuis de la vie quotidienne.

   _____

2. *Quand on aime quelqu'un, on sacrifie* une partie de soi-même.

   _____

3. *L'instruction* est le devoir des parents et des écoles.

   _____

4. *Si on croit* à l'astrologie, *il faut ignorer* les lois naturelles.

   _____

5. *Si on veut, on peut.*

   _____

F. **L'infinitif substantivé.**   Que veulent dire ces infinitifs employés comme substantifs? Donnez une définition, à l'aide du dictionnaire s'il le faut. Utilisez-les dans une phrase qui en montre la signification.

1. le bien-être: _____

   _____

2. le savoir-vivre: _____

   _____

3. le dire: _____

   _____

4. un parler: _____

   _____

5. le boire et le manger: _____

   _____

● VOCABULAIRE

L'éducation

Substantifs

l'adolescent(e) / l'adolescence (*f.*)
un brevet
un cours de rattrapage
un cours obligatoire / facultatif
la créativité
un diplôme universitaire
l'enfant / l'enfance (*f.*)
des goûts (*m.pl.*)
l'honnêteté (*f.*) / la sagesse / la moralité / le jugement
les matières (*f.pl.*) / les cours / les études (*f.pl.*) / le cursus
les notes
la scolarité (obligatoire)
une spécialisation en ...
les traits (*m.pl.*) de caractère

Expressions verbales

échouer à = être recalé(e) à   obtenir un diplôme
aller / faire ses études à l'université   passer un examen
être reçu(e) à = réussir à   préparer un examen / un mémoire
distinguer entre le bien et le mal   redoubler
être doué(e) en   se spécialiser en / être spécialiste de
grandir

EXERCICES

G. **Mots apparentés.** Trouvez une expression apparentée selon la catégorie indiquée.

Mot	Substantif	Verbe
obtenir	*obtention*	
rattraper		
être spécialiste de		
honnête		
goût		
créativité		

H. **Synonymes.** Dans les phrases suivantes, remplacez l'expression en italique par un synonyme.

1. Je *fais mes études* à l'université.

2. Qu'est-ce que je peux faire pour *réussir à ce cours?*

_____

3. J'ai peur *d'être recalé.*

_____

4. Les étudiants qui veulent réussir dans la vie *se spécialisent* en français.

_____

5. À mesure que les enfants *grandissent,* ils apprennent à distinguer entre le bien et le mal.

_____

6. Après avoir *fini mes études universitaires,* je vais voyager pendant un an.

_____

 I.   **Pratique.**   En quoi vous spécialisez-vous? Pourquoi avez-vous choisi cette spécialisation? Quels cours ont été les plus ou les moins valables? Est-ce une spécialisation «rentable»? Écrivez un paragraphe dans votre journal en utilisant le vocabulaire présenté ci-dessus.

MISE EN PRATIQUE

On vous demandera d'écrire une composition sur le sujet proposé: «L'essentiel dans l'éducation, ce n'est pas la doctrine enseignée, c'est l'éveil.»

1. Notez ce qui, dans votre éducation familiale ou scolaire, relève d'une «doctrine» et ce qui relève de «l'éveil».

Doctrine	Éveil
cours universitaires	*participation dans une pièce*

2. Relevez toutes les sources d'éducation possibles, par exemple, un musée, un voyage, etc.

_____

_____

3. Notez les livres, les films, vos expériences personnelles qui vous permettront d'illustrer votre point de vue sur le sujet. Faites appel à vos connaissances personnelles, à votre mémoire.

_____

_____

_____

_____

4. Citez des documents variés (livres scolaires, ouvrages critiques, etc.) qui traitent du problème posé et notez leur importance pour votre argument.

_____

_____

_____

_____

5. Faites un plan détaillé en suivant les principes d'organisation expliqués aux pages 94–96.

Introduction	
Développement: Thèse	
Antithèse	
Synthèse	
Conclusion	

ÉCRIVEZ

Suivez les conseils proposés ci-dessous ainsi que les indications données par votre professeur pour bien rédiger votre composition.

1. **Premier jet.** Après avoir construit un plan détaillé, et seulement après cette étape, rédigez votre introduction et votre conclusion, en respectant les principes organisateurs de ces deux parties.

2. **Retouches.**   Maintenant, relisez attentivement votre texte. Corrigez et polissez votre composition en faisant attention à la présentation: laissez un espace entre l'introduction et le développement, le développement et la conclusion et faites des paragraphes pour différencier vos idées dans le développement. Variez votre style en vous reportant aux parties *Actes de parole* et *Stylistique.* Et bien sûr, n'oubliez pas d'accorder sujet-verbe, nom-adjectif, article-substantif.

3. **Dictionnaire personnel.**   De quels nouveaux mots vous êtes-vous servi pour écrire votre composition sur les rôles de la doctrine et de l'éveil dans l'éducation? Ajoutez-les à votre dictionnaire personnel.

4. **Révision en groupes.**   Commentez et corrigez la composition d'un(e) autre étudiant(e) ou d'autres étudiants selon le système proposé par votre professeur.

5. **Version finale.**   En considérant les commentaires suggérés par les étudiants et/ou le professeur, rédigez la version finale.

ÉCRITURE LIBRE

Choisissez un sujet parmi les suivants et écrivez vos réflexions dans votre journal, selon les indications de votre professeur.

1. Regardez les deux photos. Quelles pensées suscitent-elles sur l'éducation?

LYCÉE ALBERT-CALMETTE - NICE

2. Pensez à un professeur que vous avez beaucoup apprécié: à l'école secondaire, au lycée ou à l'université. Quel était l'effet de cette personne sur votre formation et votre éducation?

3. Un autre sujet de votre choix.

Chapitre

L'EXPLICATION DE TEXTE

L'explication de texte est un exercice d'analyse littéraire, formulée à partir d'un examen critique et minutieux d'un court extrait de texte ou d'un poème. Une explication de texte n'est ni une paraphrase, ni une histoire littéraire, ni une biographie de l'auteur, ni une reformulation du passage. C'est une analyse textuelle méthodique et précise. À vous donc de faire parler le texte, de faire ressortir le sens évoqué par l'interaction des mots, des structures, des sons et des rythmes.

Il n'existe pas une seule méthode pour analyser un texte. Chaque passage exige une approche particulière, selon son intérêt. Cependant, nous vous proposons les étapes suivantes qui suggèrent le plan global de votre explication:

1. Lire et relire plusieurs fois le texte, en prenant des notes et en cherchant tous les mots inconnus dans un dictionnaire unilingue[1]. Cette lecture fera ressortir les traits saillants du texte: son genre, certaines qualités uniques au texte, son ton, les points principaux et les points secondaires, et une réaction initiale au texte.

2. Situer le texte. Pour un poème, il s'agit de donner son titre, le nom du poète, le recueil dont il est tiré ainsi que les circonstances qui expliquent la composition du poème. Bien regarder le nom de l'auteur, la date et le titre du texte.

3. Faire une brève description de l'intérêt du texte: son thème dominant, son fil conducteur, l'image exploitée, etc.

4. Identifier la structure du texte. Pour un poème, vous parlerez du rythme, de la rime, de la structure des vers. Vous signalerez également s'il s'agit d'une forme fixe (le sonnet, par exemple).

5. Analyser le texte en détail. Lire le texte ligne par ligne/vers par vers en faisant bien attention à l'interaction du fond (les idées) et de la forme (le choix des mots, leur forme sonore). Ne perdez jamais de vue le thème dominant identifié dans la troisième étape; les détails relevés ici devront se rapporter à ce thème, à sa manifestation, à son développement, à sa modification. Attention: cette étape ne représente pas une paraphrase! Il s'agit plutôt de dégager la façon dont l'auteur exprime ses pensées, ses sentiments en utilisant des outils structuraux disponibles.

6. Faire la synthèse de votre analyse. Vous ne rajouterez rien de nouveau: il s'agit d'une récapitulation des thèmes et des techniques de l'auteur, en vue de montrer comment votre explication a contribué à une meilleure appréciation du passage, sa signification et son art. Votre jugement critique du passage, ses points forts ainsi que ses faiblesses peuvent également faire partie de cette conclusion.

SUR L'AUTEUR ...

Wilhelm Apollinaris de Kostrowitzky, dit Guillaume Apollinaire, est né à Rome en 1880 d'un officier italien et d'une jeune aristocrate polonaise. Pendant toute sa vie, il changera de ville, d'école, de milieu et de femme, selon son humeur. Engagé volontaire dans la Première Guerre mondiale (1914–1918), il est blessé en 1916, l'an où il acquiert la nationalité française. Il mourra deux ans plus tard en 1918, deux jours avant l'armistice.

Apollinaire fait partie des grands écrivains du tournant du siècle qui expriment d'une manière radicalement originale la modernité de leur époque.

---

1. Dictionnaires suggérés: *Le Petit Robert; le Petit Larousse.*

POUR DISCUTER

Quels poèmes avez-vous déjà lus et étudiés en français? Dans votre langue maternelle? En quoi la lecture de la poésie est-elle différente de la lecture d'œuvres en prose? Qu'est-ce qui rend un poème difficile à lire? beau? inquiétant? Pensez à la langue poétique et à la structure du poème.

Texte 1

Guillaume Apollinaire

« MAI »

Le poème suivant s'inspire d'un séjour du poète en Allemagne (1901–1902), où il travaillait comme précepteur *(tutor)*. À cette époque Apollinaire était amoureux de la gouvernante anglaise de son élève, mais l'amour n'était pas réciproque.

Le mai le joli mai en barque sur le Rhin		
Des dames regardaient du haut de la montagne		
Vous êtes si jolies mais la barque s'éloigne		
Qui donc a fait pleurer les saules riverains°		willows bordering the river
Or des vergers° fleuris se figeaient en arrière	5	orchards
Les pétales tombés des cerisiers° de mai		cherry trees
Sont les ongles de celle que j'ai tant aimée		
Les pétales flétris° sont comme ses paupières		withered
Sur le chemin du bord du fleuve lentement		
Un ours un singe un chien menés par des tziganes°	10	gypsies
Suivaient une roulotte traînée par un âne°		a caravan drawn by a donkey
Tandis que s'éloignait dans les vignes rhénanes		
Sur un fifre° lointain un air de régiment		fife
Le mai le joli mai a paré° les ruines		decked out
De lierre° de vigne vierge et de rosiers°	15	ivy / rose trees
Le vent du Rhin secoue sur le bord les osiers°		water willows
Et les roseaux jaseurs° et les fleurs nues° des vignes		jabbering reeds / bare

— *Alcools, 1913 (1905)*[2]

 **RÉFLEXIONS**

1. Qu'est-ce qui vous a frappé dans la forme de ce poème? Considérez la longueur des vers, la ponctuation, la structure du poème, etc.

2. Quelle est votre réaction face à ce poème? Quelles émotions suscite-t-il en vous?

---

2. Le recueil *Alcools* regroupe des poèmes écrits entre 1898 et 1913. La date entre parenthèses indique la première publication du poème.

Maintenant, lisez l'analyse du poème. Référez-vous à la partie *Les actes de paroles* (page 121) pour trouver l'explication des mots suivis d'un astérisque dans le texte. (N.B.: Votre lecture sera facilitée si vous vous familiarisez avec ces mots avant de faire la lecture de l'analyse.)

Texte II

EXPLICATION DE TEXTE DU POÈME «MAI»

1   Apollinaire a donné le titre de «Rhénanes» a un groupe de neuf poèmes contenus dans *Alcools*, son premier recueil de vers (1913). Apollinaire a passé l'année 1901–02 en Allemagne, où il a apprécié particulièrement la Rhénanie, c'est-a-dire, la région du Rhin. *Mai* est le deuxième de ce groupe de poèmes qui évoque ce fleuve célèbre.

2   Cette pièce se compose de quatre strophes* dont trois (1, 2, 4) sont des quatrains*   5
abba (rimes embrassées*). La troisième strophe fait exception, car elle est composée de cinq vers rimant abbba. Les rimes du premier et du dernier vers de chaque strophe sont alternativement féminines* (strophes 1, 3) et masculines* (strophes 2, 4). Chaque vers est un alexandrin*.

3   Bien que ses strophes soient souvent de forme classique, avec des alexandrins aux   10
césures* régulières à l'hémistiche*, Apollinaire ne se soucie pas de suivre toutes les règles classiques de la versification. Ses rimes sont parfois approximatives; par exemple, ici *montagne, s'éloigne* (2, 3) et *ruines, vignes* (14, 17) sont plutôt des assonances* riches que des rimes exactes. Il fait rimer, contre les règles, un singulier avec un pluriel (*Rhin, riverains*, 1, 4). Le poète moderne, suivant une esthétique nouvelle qui reconnaît   15
les droits de l'inspiration, n'entend pas être entravé° par les exigences du passé. Ainsi, il   blocked
ne se gêne pas pour faire de sa troisième strophe un quintain* au lieu d'un quatrain comme les trois autres.

4   Comme tous les poèmes d'*Alcools*, *Mai* ne contient aucun signe de ponctuation. Apollinaire lui-même a écrit: «Pour ce qui concerne la ponctuation, je ne l'ai supprimée   20
que parce qu'elle m'a paru inutile, et elle l'est en effet; le rythme même et la coupe des vers°, voilà la véritable ponctuation.» Il est vrai que dans le cas présent le lecteur n'a   pause in a verse
aucun besoin de ponctuation pour le guider. Cette suppression s'accorde même avec un des caractères du poème, celui du mouvement doux et continu. Sans ponctuation, les vers coulent librement, comme coulent les eaux du Rhin sur lesquelles glisse la bar-   25
que (1, 3). N'oublions pas qu'Apollinaire a souvent évoqué le vieux thème du fleuve, symbole du temps qui s'enfuit, de la vie qui s'écoule, comme dans son célèbre poème *Le Pont Mirabeau:*

> Sous le pont Mirabeau coule la Seine
> > Et nos amours   30
> > ...
> L'amour s'en va comme cette eau courante
> > ...

5   Les premiers mots du texte, «Le mai le joli mai», évoquent la saison chérie des poètes, le printemps, où tout semble revivre dans la joie et dans l'espérance. Des   35
poètes allemands comme Goethe et Heine ont chanté cette saison, et c'est sans doute une influence germanique qui fait dire à Apollinaire «*le* joli mai», car en français on n'emploie généralement pas l'article avec un nom de mois, à l'encontre de l'usage allemand. Peut-être convient-il de dire ici que l'on ne trouve que rarement la poésie du printemps chez Apollinaire. Il préfère l'automne, comme il l'a dit lui-même: «Mon   40

automne éternelle ô ma maison mentale» (*Alcools, Signe,* 5). [...] En effet, une mélancolie discrète plus typique de l'automne que du printemps se dégage des vers de *Mai,*
causée par la barque qui s'éloigne, les saules pleureurs, les pétales tombés et flétris, les
ruines (même parées), et la suggestion d'un amour déçu (7). Doit-on comprendre que
le poète se sent triste parce qu'il s'éloigne de celle qu'il aime, et reste donc insensible 45
aux beautés de la nature? De toute façon, voilà une attitude qui ressemble beaucoup à
celle de Lamartine[3] dans *L'Isolement* [...]:

> Mais à ces doux tableaux mon âme indifférente
> N'éprouve devant eux ni charme, ni transports

6   Le premier vers de *Mai,* qui évoque une promenade en bateau, semble promettre 50
un développement poétique sur la douceur de vivre, les plaisirs tranquilles et char-
mants. Mais à partir du deuxième hémistiche du vers 3, la scène s'assombrit°. Le   darkens
romantisme du passage se fait sentir avec l'image des saules qui pleurent (4), en accord
secret avec la mélancolie du poète. Toutefois, l'identification de la nature et de l'état
d'âme du poète [...] n'est pas proclamée; elle est simplement suggérée, et fort atténuée 55
par la forme interrogative du vers 4.

7   Les verbes à l'imparfait (2, 5, 11, 12) contribuent, par leur idée de durée indéfinie
dans le passé, à établir une atmosphère de nostalgie et de regret. L'usage du passé
composé (4, 7, 14) maintient avec certains verbes l'idée d'un lien entre le passé et le
présent: une action commencée au passé continue au présent. Quelques verbes au   60

---

3. Lamartine (1790–1869), poète romantique, auteur des *Méditations poétiques, Harmonies poétiques et
religieuses.*

présent (3, 7, 8, 16) soulignent l'idée d'écart°, de séparation, entre ce qui est passé et le   gap, distance
moment actuel; ils soutiennent ainsi le thème de la fuite inéluctable° du temps et la   inevitable
mélancolie qui s'ensuit. Les différents temps du verbe dans ce poème (y compris les
participes passés) alternent et se répondent dans une sorte de contrepoint savant°. Le   intellectual counterpoint
premier vers, sans verbe, nous laisse dans l'incertitude sur le moment où le poème se   65
situe, et les trois vers suivants, chacun avec un temps du verbe différent, ne le pré-
cisent pas davantage. Cette ambiguïté persiste à travers le poème, et sert à évoquer à la
fois la fluidité du temps et cette qualité indécise des souvenirs qui sont passés et
présents à la fois.

8   Au vers 2 du poème, le mot *dames*, étant donné le cadre° rhénan, fait songer à la   70   framework, context
légende de la Lorelei, célèbre sirène du Rhin[4], et symbole apparent de l'attraction mys-
térieuse de l'eau. Apollinaire connaissait certes la légende, mais ici il s'agit de vraies
«dames», terme banal et réaliste, peut-être même un peu gauche. Ce mot fait-il
entrevoir indistinctement les «dames» du Moyen Âge des troubadours et des romans
courtois? Mais en réalité, Apollinaire, lui, n'a pas besoin de merveilleux, légendaire ou   75
médiéval. Pour lui tout est miracle. Dans nombre de ses poèmes il essaie de nous faire
voir et comprendre que le banal peut être merveilleux (et vice versa!). Le même ton
familier est employé dans le premier hémistiche du vers 3, qui contient une phrase
toute simple et quotidienne; mais la vision des dames disparaît, car «la barque
s'éloigne». Aurions-nous tort de voir dans cette barque, mentionnée à deux reprises, le   80
symbole de la destinée personnelle du poète, lui qui doit quitter les rives heureuses,
emporté comme il l'est par le fleuve et le temps? Cette première strophe se termine sur
une note de douleur qui contraste avec le tableau en apparence heureux des premiers
vers. L'interrogation du vers 4 révèle l'état d'âme angoissé du poète, qui se plaint sur
le mode élégiaque°. Sa question demeure sans réponse, ce qui vaut peut-être mieux,   85   mournful, funereal
mais on est cependant amené à conjecturer que c'est son amour déçu qui fait pleurer
les saules.

9   La deuxième strophe débute par ce *Or* inattendu et quelque peu déconcertant.
Ce mot marque habituellement une transition logique d'une idée à une autre, mais ici
la transition ne va pas sans heurt°. Assez long à prononcer, ce *Or* ralentit considé-   90   isn't made smoothly
rablement le mouvement rythmique du poème, comme si le poète voulait attirer l'at-
tention sur son rôle de mot-pivot qui sépare et lie à la fois les deux premières strophes.
En effet, la deuxième strophe peut être considérée comme une explication de l'idée de
pleurs contenue dans le vers 4.

10   Le premier vers de la deuxième strophe met l'accent sur le mouvement, qui rend   95
possible la description des vergers qui «*se figeaient* en arrière» quand on ne pouvait
plus distinguer des arbres particuliers, mais seulement des masses fleuries qui se con-
fondaient. Des images semblables connaissent une grande vogue au vingtième siècle,
le siècle de la vitesse, ce qui appelle de nouvelles façons de décrire des paysages qui
s'enfuient rapidement, ne laissant que des impressions confuses. Ce n'est pas tout: les   100
vergers ne se retirent pas seulement dans l'espace. Ils entrent aussi dans le domaine du
passé, du temps mort, où ils rejoignent le souvenir de la femme aimée, évoquée dans
le reste de la strophe.

11   L'image de la femme n'est jamais présentée clairement. Elle n'apparaît que très
discrètement dans les transmutations semblables à celles du rêve. Sans comparer, le   105
poète déclare d'abord, dans une assimilation instantanée, que les pétales tombés *sont*
les ongles de celle qu'il aime. La métaphore est juste et heureuse (les pétales sont en

---

4. Selon la légende allemande, la Lorelei, sirène habitant sur un rocher, attirait les marins qui passaient
et leur faisait faire naufrage *(shipwreck)* sur les rochers *(reefs)*. Le poème qui suit «Mai» dans le recueil
Alcools s'appelle «La Loreley».

effet petits et roses), mais en même temps un peu inquiétante, car les ongles peuvent déchirer. Une comparaison régulière avec «comme» suit au vers 8. On a l'impression que la femme est alternativement confondue et comparée avec les fleurs. Mais ces pétales sont *tombés, flétris,* à l'image de l'amour sans espoir. L'émotion du poète se traduit au vers 7 par l'absence de césure à l'hémistiche, comme si le poète ne pouvait pas se fier à la fermeté de sa voix en parlant de celle qu'il a perdue, comme s'il voulait réprimer un sanglot°.   to repress a sob

12   Dans un effort pour chasser ces images douloureuses, le poète se remet à contempler le spectacle qu'il a sous les yeux. Le rythme* ternaire° du vers 9 *Sur le chemin /*   compound
du bord du fleuve / lentement rend admirablement la marche lente et cahotante° du   bumpy
cortège étrange et pittoresque énuméré aux vers 10 et 11, de même que la coupe du vers 11: *Suivaient une roulot / traînée par un âne.* On sait qu'Apollinaire fréquentait beaucoup les bohémiens pendant son séjour en Rhénanie, et ils reviennent assez souvent dans son œuvre, comme d'ailleurs dans la littérature allemande, chez Goethe, Lenau, et d'autres auteurs. La présence des bohémiens suggère des analogies avec l'état d'âme du poète. Elle renforce l'idée de départ; la roulotte, comme la barque du vers 1, pourrait représenter la vie. Comme les bohémiens, le poète se déplace, s'éloigne, comme eux il erre dans la vie. Ce spectacle n'est donc pas à même de° le réconforter, car il s'ac-   up to, capable of
corde secrètement avec sa situation douloureuse. La bizarrerie du cortège, et surtout la présence du singe et de l'âne, semblent indiquer que, pour un temps au moins, le poète lucide, conscient du fait que l'excès de sa douleur le rend un peu ridicule, se plaît à souligner l'élément grotesque de la vie. L'idée de l'éloignement se poursuit dans les vers 12 *(s'éloignait)* et 13 *(lointain).* Le son du fifre (13), aigu et perçant (avec *jaseurs,* 17, la seule notation sonore du poème), fait entendre une sorte de rire moqueur, ajoutant ainsi une note de dérision à l'idée du grotesque de la vie.

13   Les *vignes rhénanes* (12) nous préparent à une autre contemplation, celle d'une nature particulière à un certain coin du monde. Les premiers mots du poème reviennent, comme le refrain d'une chanson populaire, ou d'un *Lied* allemand — «Le mai le joli mai» — et créent ainsi l'impression d'une unité, d'un tout composé. Le mot *joli* insiste sur la beauté modestement charmante et naïve de l'endroit, plutôt que sur une beauté plus frappante, car le poète veut éviter la grandiose, le dramatique et le mélodramatique.

14   Les ruines, elles aussi, sont typiques du paysage rhénan, et voici que la nature a   jeté sur ces ruines une parure printanière°. Mais on comprend bien qu'il s'agit aussi   springtime adornment
des ruines d'un amour malheureux que le printemps s'efforce de cacher et d'embellir. Le mot *vierge* (15) suggère la pureté, et les roses *(rosiers,* 15), l'amour. C'est comme si la nature recommandait au poète une purification et une sublimation de son amour, dont il porterait toujours le souvenir en lui-même comme une ruine, mais que le temps et sa résignation pareraient un jour de prestiges°. Cet amour deviendrait une constante de   distinction
sa vie psychique passée et présente, bien que subtilement transformée.

15   Dans la dernière strophe, le regard du poète descend des ruines pour s'attacher au bord du fleuve, là où se trouvent les osiers (de jeunes saules), les roseaux et les fleurs des vignes. Ceux-ci symbolisent ce qui renaît° à la vie, et suggèrent que le poète   is reborn
meurtri° par l'amour peut ou doit renaître aussi, comme la nature revit après l'hiver.   bruised, distressed
Faut-il voir dans *le vent du Rhin* le vent de la mort? Ne s'agit-il pas plutôt de l'espoir, car les *fleurs nues* du printemps (17) annoncent la vendange à venir. L'adjectif *nues* souligne heureusement la fragilité de ces fleurs récemment écloses°. Les consonnes   bloomed
sibilantes et labiales[5] *(s, z, v, f)* des vers 15–17 évoquent le son fait par le vent et les roseaux bavards.

---

5. *Consonnes sibilantes:* consonants articulated with a buzzing or whistling sound (s, z); *consonnes labiales:* consonants formed with the lips (f, v).

16   La souffrance du poète a été une expérience précieuse pour lui, dans le sens que c'est par la douleur qu'il a beaucoup appris sur la vie et sur lui-même. Le malheur peut n'être qu'une épreuve, et aider en fait à la réalisation artistique future, ce dont Apollinaire semble avoir eu l'intuition dans *Mai*.

160

— tiré de Katz et Hall, Explicating French Texts
(New York: Harper and Row, 1970), pp. 58–63.

COMPRÉHENSION DU TEXTE

1. Trouvez le paragraphe qui annonce les thèmes dominants qui seront analysés dans cette explication de texte. Identifiez ces thèmes.

2. Comment la forme du poème traduit-elle l'eau qui coule?

3. Quelles images évoquent la mélancolie dans le poème?

4. Commentez l'emploi des temps. Qu'est-ce que les divers temps du verbe évoquent? Et le vers sans verbe?

5. Que signifie la barque qui s'éloigne?

6. Comment l'image de la femme est-elle évoquée?

7. Que signifie le cortège des tziganes?

_____

_____

8. Quelle est la signification des ruines?

_____

_____

9. Qu'est-ce que les fleurs et les arbres au bord du fleuve suggèrent?

_____

_____

10. Commentez le symbolisme créé par le son des consonnes dans la dernière strophe.

_____

_____

ANALYSE STRUCTURELLE

1. Analysez le contenu de chaque paragraphe. Donnez à chacun un titre qui explique sa fonction.

Paragraphe n°	Fonction
1	_____
2	_____
3	_____
4	_____
5	_____
6	_____
7	_____
8	_____
9	_____
10	_____
11	_____
12	_____

Paragraphe nº	Fonction
13	_____
14	_____
15	_____
16	_____

2. Analysez la structure de chaque paragraphe de l'explication. Soulignez la phrase qui annonce le sujet du paragraphe. Mettez des parenthèses autour des phrases qui se réfèrent aux idées développées dans le poème. Mettez des crochets ([ ]) autour des phrases qui se réfèrent à la forme. Quelle structure se dégage?

3. Montrez que la conclusion de ce commentaire fait la synthèse des idées développées au cours de l'analyse.

_____

_____

_____

ANALYSE STYLISTIQUE

Dans votre commentaire, vous analyserez la forme et la signification du poème en utilisant un style varié et nuancé. En relisant l'analyse ci-dessus, repérez les expressions utilisées pour:

Esquisser la structure du poème	Citer les démarches du poète	Faire valoir la signification des images

● LES ACTES DE PAROLE

Pour analyser la poésie

Ces termes techniques vous aideront à parler de la forme d'un poème.

un alexandrin vers de douze syllabes, divisé en deux **hémistiches.** Cette division est signalée par la **césure,** une coupe qui impose une pause:

Son feuillage murmure   et frémit en rêvant ...

une allitération répétition de consonnes. Elle crée une unité sonore:

Le peuplier ce ploie ... pareil au corps.

une assonance répétition de voyelles. Elle crée une unité sonore:

Dans l'azur de l'avril, dans le gris de l'automne ...

une rime répétition d'un même son à la fin de deux ou plusieurs vers. Elle permet de mettre en relation les vers et de souligner le rythme. Dans une **rime pauvre,** une seule voyelle se répète *(mot/tôt);* une **rime suffisante** a deux éléments en commun (voyelle ou élément vocalique et consonne; *peines/veines);* une **rime riche** a trois éléments en commun *(éperdus/ardus).* Les rimes sont disposées en schémas particuliers: on distingue les **rimes plates** (AABB, *couteau/bourreau/joue/roue);* les **rimes embrassées** (ABBA, *couteau/joue/roue/bourreau);* les **rimes croisées** (ABAB, *couteau/joue/bourreau/roue).* La **rime féminine** se termine en un *e* muet *(joue/roue);* la **rime masculine** se termine en une voyelle accentuée *(couteau/bourreau).*

un refrain un vers ou une phrase qui se répète à intervalles réguliers dans un poème.

le rythme rapport régulier, perceptible par l'oreille, entre la répartition des accents dans un énoncé et le nombre de syllabes séparant ces accents. Un mot français porte un accent tonique sur la dernière syllabe ou sur l'avant-dernière si la dernière est un *e* muet (par ex., *amoureux, tristesse).*

une strophe ensemble de vers, séparé d'autres ensembles de vers par un espace blanc. Une strophe a une cohérence interne: les vers riment ensemble, ont un rythme particulier. On distingue, entre autres **le tercet** (trois vers), **le quatrain** (quatre vers) et le quintain (cinq vers).

un vers en poésie, le vers se distingue par un retour à la ligne et il commence en général par une majuscule. C'est avant tout un énoncé au rythme identifiable. **Un octosyllabe** est un vers de huit syllabes; **un décasyllabe** est un vers de dix syllabes. N.B.: Le *e* muet à la fin d'un mot est compté seulement quand il est suivi d'un mot qui commence par une consonne. Le *e* muet n'est jamais compté à la fin d'un vers.

EXERCICE

A. **Identifiez.** Analysez la structure et la versification de ce poème d'Apollinaire. Combien de strophes y a-t-il? Combien de vers dans chaque strophe? Quelle est la disposition et la qualité des rimes? Qu'est-ce qu'il a en commun avec le poème précédent? Quelles images reviennent?

Rosemonde

Longtemps au pied du perron° de[6]	flight of steps
La maison où entra la dame	
Que j'avais suivie pendant deux	
Bonnes heures à Amsterdam	
Mes doigts jetèrent des baisers 5	

Mais le canal était désert	
Le quai aussi et nul ne vit°	*passé simple du verbe* **voir**
Comment mes baisers retrouvèrent	
Celle à qui j'ai donné ma vie	
Un jour pendant plus de deux heures 10	

Je la surnommai Rosemonde	
Voulant pouvoir me rappeler	
Sa bouche fleurie en Hollande	
Puis lentement je m'en allai	
Pour quêter° la Rose du Monde 15	to seek

— Alcools, *1913*

LA STYLISTIQUE

Analyser un texte, c'est se servir des expressions pour parler de la forme ainsi que du fond. Une riche gamme d'expressions vous permettra de nuancer votre analyse et d'éviter l'emploi des mêmes verbes pour éclaircir le sens du passage.

Pour varier le langage analytique

De quoi le poète **traite-t-il** dans ce poème?
De quoi **s'agit-il** dans ce poème?

Qu'est-ce que cette image	veut dire?
	signifie?
	montre?

À quoi ce symbole se réfère-t-il?

L'auteur	exploite	un thème.
	développe	un centre d'intérêt.

Une	image	peut	dépeindre	un sentiment.
	figure		être révélatrice d'	une pensée.
			évoquer	une émotion.
			exprimer	
			peindre	
			refléter	
			représenter	
			révéler (= déceler)	
			suggérer	
			symboliser	
			traduire	
			trahir	

---

6. Remarquez l'emploi de **l'enjambement** dans ce vers et dans le vers 3: c'est-à-dire, l'idée exprimée (l'unité grammaticale) dépasse les limites formelles du vers et continue dans le vers suivant.

| Le poète | répète | un mot. |
| Le poète | associe
compare | un terme à un autre terme. |

| Le poète fait | allusion à | un événement. |
| Le poète | utilise des
se sert de (d') | symboles.
métaphores.
comparaisons.
allusions.
associations.
répétitions.
précisions. |

| Le poète | crée des | oppositions.
contradictions. |

| Le poète | souligne
met l'accent sur
insiste sur
confère un nouveau sens à
reprend le thème de
revient au thème de
précise l'importance de | l'inconstance de l'amour. |

Le sujet de l'amour est **réutilisé** dans beaucoup de poèmes. Ce n'est pas une **nouveauté.** C'est plutôt un **lieu commun.**

EXERCICE

B. **Synonymes.**   Trouvez un synonyme pour les expressions en italique.

1. Le poète *revient* à plusieurs reprises *au thème* du passage du temps.

   _____

2. Le pont *suggère* l'immobilité.

   _____

3. L'eau *symbolise* l'inconstance de l'amour.

   _____

4. Ce vers *trahit* la pensée du poète.

   _____

5. *Quel est le sens de cette figure?*

   _____

6. Le poète *se sert de* beaucoup d'images.

   _____

7. En répétant plusieurs fois ce mot, le poète *insiste sur* l'incertitude de ses sentiments.

   _____

8. En utilisant ces termes contraires, le poète crée *des contradictions.*

_____

9. Cette image *révèle* le côté négatif de l'amour obsessif.

_____

10. Le poète *traduit* son émotion en vers d'une longueur inégale.

_____

Pour analyser les sons

Les sons peuvent évoquer diverses qualités et images, comme illustré dans le tableau suivant:[7]

Les voyelles	*suggèrent souvent ...*
claires: i, u, é, a, eu (fermé), in	la rapidité, la légèreté, la gaieté
aiguës: i, u, é	des sons grinçants; la souffrance; un cri de colère, des plaintes, de l'admiration
éclatantes: a, o (ouvert), eu (ouvert), e, an, en, un, eun	une explosion; la colère; la fierté; la majesté
nasales: in, on, un, an	la lenteur, la langueur, la paresse, la nonchalance, l'indolence

Les consonnes	*suggèrent souvent ...*
sèches: p, t, c, b, d, q	des sons saccadés, grinçants; des giffles; l'ironie, le sarcasme, l'hésitation, l'agitation, la torture, la dureté
sifflantes: f, v, s, c, ç, ch	la respiration, le sifflement, la sinuosité, l'ironie, le dépit, la jalousie, le mépris, la colère; une caresse, le son de l'eau
labiales: f, p, v, b	des soupirs; le déplaisir, la douleur, le mépris, les sons explosifs et actifs
longues: l, m, n, r	la durée, la longueur, la douceur, le glissement, la fluidité, la langueur
n:	la négation

EXERCICE

C. **Le symbolisme.**   Analysez les extraits ci-dessous et relevez le symbolisme créé par les sons soulignés.[8]

1. Et du fond des boudoirs les belles <u>in</u>dol<u>ent</u>es, / Bala<u>nç</u>ant mollem<u>ent</u> leurs tailles <u>n</u>onchal<u>ant</u>es / Sous les vieux marronniers comm<u>en</u>cent à venir. (Musset. *À la mi-carême*)

2. Tout m'afflige et me nu<u>it</u> et consp<u>ire</u> à me nu<u>ire</u>. (Racine. *Phèdre*)

3. Quelle est l'<u>om</u>bre qui rend plus <u>som</u>bre encore m<u>on</u> <u>antre</u>? (Hérédia. *Sphinx*)

_____

7. Adapté de Katz et Hall, *Explicating French Texts* (New York: Harper and Row, 1970), pp. 13–14.
8. *Ibid.*

4. La victoire aux cent voix sonnera sa fanfare. (Hugo. *À l'Arc de Triomphe*)

5. Des lapins qui, sur la bruyère, / L'œil éveillé, l'oreille au guet, / S'égayaient et de thym parfumaient leur banquet. (La Fontaine. *Fables*)

6. Tu pleures, malheureuse? Ah! tu devais pleurer / Lorsque, d'un vain désir à ta perte poussée, / Tu conçus de le voir la première pensée. / Tu pleures! et l'ingrat, tout prêt à te trahir, Prépare les discours dont il veut t'éblouir. / Pour plaire à ta rivale il prend soin de sa vie. / Ah! traître! tu mourras! (Racine. *Bajazet*)

7. Tout en vous partageant l'empire d'Alexandre, / Vous avez peur d'une ombre et peur d'un peu de cendre? Oh! vous êtes petits. (Hugo. *À la Colonne*)

VOCABULAIRE

Pour juger la qualité d'un thème / d'une image

Un thème / une image peut être ...

original(e)	≠	traditionnel(le)
insolite		conventionnel(le) / classique
frappant(e)		banal(e) / prosaïque / insipide
métaphorique		littéral(e)
subtile		évident(e)
novateur(-trice)		classique
simple		complexe
clair		ambigu(-uë) / polysémique / ambivalent(e)
vigoureux(-euse)		affecté(e)
inspiré(e)		vulgaire
créateur(-trice)		usé(e)

EXERCICES

D. **Images.** Qualifiez les images et les thèmes suivants.

> Le noir suggère la mort.
> *C'est une image banale, très conventionnelle et manquant d'originalité.*

1. Le soleil signifie la puissance.

   _____

2. Une fleur suggère l'amour.

   _____

3. La couleur rouge évoque la passion.

   _____

4. La nuit symbolise l'espoir.

   _____

5. Le printemps représente le renouveau.

_____

6. L'hiver est identifiable à l'activité.

_____

7. La nourriture fait penser à l'amitié.

_____

 E. **Tentative d'analyse.** Lisez de nouveau le poème reproduit dans l'exercice A. Cette fois-ci, faites une analyse globale des thèmes exploités et du sens du texte en employant les expressions présentées dans *Les actes de parole* et *La stylistique*. Commentez également la qualité des images et des thèmes en utilisant les expressions présentées dans la partie *Vocabulaire*.

MISE EN PRATIQUE

Dans ce chapitre, nous vous proposons de faire votre explication de texte en suivant les étapes esquissées dans l'introduction au chapitre, page 112. Comme première étape, lisez ce poème célèbre d'Apollinaire.

Ce poème, publié en février 1912, s'inspire du départ de son amante Marie Laurencin. Cette perte l'a plongé dans un état de tristesse qui a duré longtemps. Cette souffrance est devenue une des sources de sa poésie.

Le pont Mirabeau se trouve dans la partie ouest de Paris. Apollinaire le traversait en rentrant chez lui à Auteuil.

Le Pont Mirabeau

Sous le pont Mirabeau coule la Seine
      Et nos amours
    Faut-il qu'il m'en souvienne
La joie venait toujours après la peine
      Vienne la nuit sonne l'heure   5
      Les jours s'en vont je demeure

Les mains dans les mains restons face à face
      Tandis que sous
    Le pont de nos bras passe
Des éternels regards l'onde° si lasse°   10   wave / weary
      Vienne la nuit sonne l'heure
      Les jours s'en vont je demeure

L'amour s'en va comme cette eau courante
      L'amour s'en va
    Comme la vie est lente   15
Et comme l'Espérance est violente
      Vienne la nuit sonne l'heure
      Les jours s'en vont je demeure

Passent les jours et passent les semaines
      Ni temps passé   20
    Ni les amours reviennent
Sous le pont Mirabeau coule la Seine

      Vienne la nuit sonne l'heure
      Les jours s'en vont je demeure

— Alcools, *1913 (1912)*

Maintenant, faites un plan préliminaire de votre explication de texte en répondant aux questions suivantes.

1. Relisez plusieurs fois le texte; prenez des notes et assurez-vous de comprendre le(s) sens de chaque mot. Faites des remarques préliminaires sur les thèmes, les images, les traits structuraux et sonores qui se dégagent.

_____

_____

_____

_____

_____

2. Maintenant, situez le texte en donnant son titre, le nom du poète, le recueil dont il est tiré ainsi que les circonstances qui expliquent la composition du poème.

_____

_____

_____

_____

_____

_____

3. Quel est l'intérêt principal du texte? Quelles sont les images les plus significatives? Y a-t-il un thème qui relie le tout?

_____

_____

_____

_____

_____

4. Identifiez la structure du poème. Notez ...

la disposition des rimes: _____

la qualité des rimes: _____

la structure des vers: _____

Faites des commentaires sur le rythme.

_____

_____

_____

_____

5. Maintenant, analysez le texte en détail. Cette analyse servira à convaincre le lecteur de la justesse de vos remarques dans la deuxième étape. Les questions qui suivent vous aideront à apprécier les nuances du texte.

- La signification de chaque mot est-elle claire? Y a-t-il des allusions, des jeux de mots, des ambiguïtés, des mots à double sens?
- Le vocabulaire est-il pour la plupart concret ou abstrait?
- Y a-t-il des mots qui prédominent (substantifs, verbes, adjectifs, adverbes, etc.)? Certains types de mots qui manquent?
- Les temps sont-ils réguliers dans leur emploi? Y a-t-il des emplois inhabituels?
- La syntaxe est-elle régulière?
- Y a-t-il des voyelles ou des consonnes qui se répètent (assonances ou allitérations)?
- Le rythme est-il lent? rapide? saccadé (*jerky, uneven*)?
- Dans quelle mesure les sons enrichissent-ils le sens du poème? Son ton?
- Les images sont-elle originales? banales? Le poète fait-il appel à certains sens (la vue, l'odorat, l'ouïe, le toucher)? Y a-t-il des comparaisons, des métaphores?
- Qui parle dans le poème? Quel point de vue s'exprime?

6. Faites la synthèse de votre analyse en passant en revue les thèmes et des techniques du poète. Comment votre explication a-t-elle contribué à une meilleure appréciation du passage?

_____

_____

_____

_____

_____

_____

ÉCRIVEZ

1. **Premier jet.** Les réponses aux questions ci-dessus vont servir de point de départ pour votre explication de texte. Regroupez vos remarques en paragraphes cohérents en vous servant des mots de transition et des expressions présentées dans la partie *Stylistique*.

2. **Retouches.** Maintenant, relisez attentivement votre texte. Pensez à vérifier la justesse des termes techniques que vous employez pour qualifier des tactiques poétiques. Soyez sûr(e) que vos remarques, même si elles portent sur un détail, ont un

effet sur l'ensemble du poème. N'oubliez pas de bien accorder sujet-verbe, nom-adjectif, article-substantif.

3. **Dictionnaire personnel.** De quels nouveaux mots vous êtes-vous servi pour écrire votre commentaire? Ajoutez-les à votre dictionnaire personnel.

4. **Révision en groupes.** Commentez et corrigez le commentaire d'un(e) autre/d'autres selon le système proposé par votre professeur.

5. **Version finale.** En considérant les commentaires suggérés par les étudiants et/ou le professeur, rédigez la version finale.

ÉCRITURE LIBRE

1. Faites une explication de texte du poème suivant d'Apollinaire.

   Automne malade

   Automne malade et adoré
   Tu mourras quand l'ouragan soufflera dans les roseraies
   Quand il aura neigé
   Dans les vergers

   Pauvre automne   5
   Meurs en blancheur et en richesse
   De neige et de fruits mûrs
   Au fond du ciel
   Des éperviers planent
   Sur les nixes nicettes aux cheveux verts et naines   10
   Qui n'ont jamais aimé

   Aux lisières lointaines
   Les cerfs ont bramé

   Et que j'aime ô saison que j'aime tes rumeurs
   Les fruits tombant sans qu'on les cueille   15
   Le vent et la forêt qui pleurent
   Toutes leurs larmes en automne feuille à feuille

       Les feuilles
       Qu'on foule
       Un train   20
       Qui roule
       La vie
       S'écoule

                                        — *Alcools, 1913*

2. Expliquez un autre poème, selon les indications de votre professeur.

3. Un autre sujet de votre choix.

Chapitre

LE COMPTE RENDU

Le compte rendu d'un livre, d'un film ou d'un spectacle est un rapport succinct composé d'un résumé et d'une analyse critique de l'œuvre, suivis de l'opinion personnelle du rédacteur sur ses mérites et défauts.

Il est destiné à des lecteurs qui n'ont peut-être ou certainement pas lu ni vu ce livre/film/spectacle: aussi doit-il attirer l'attention dès le début, par une phrase ou un paragraphe marquant, par sa concision et son ton vif. Le résumé de l'intrigue doit tenter d'être objectif et l'analyse critique aborde toutes les techniques utilisées pour présenter l'intrigue (langue, construction du texte, acteurs, images, musique …). Enfin, l'opinion personnelle de l'auteur en conclusion permet de comprendre son admiration ou ses réserves à l'égard de l'œuvre discutée.

POUR DISCUTER

Où trouve-t-on des comptes rendus de films, de concerts, d'opéras? Aimez-vous les lire avant d'aller voir un spectacle ou après l'avoir vu? Pourquoi? Quelles informations cherchez-vous dans un compte rendu?

Texte 1
— PROPOSITIONS D'OPÉRAS —

1   D'un côté, un dispositif° multi-média aussi fonctionnel qu'une navette spatiale°; une «intrigue» à rebondissements, une histoire — et quelle histoire! — racontée trois fois pour plus de sécurité. Accueilli, du 21 au 24 octobre, par la Maison de la culture de Bobigny[1] dans le cadre du Festival d'automne, *The Cave* joue sur la clarté et les redon-dances° d'un projet fort, aux croisées° de l'histoire sainte et de l'actualité. Signé° par Steve Reich pour la musique, par Beryl Korot pour les images vidéo, c'est un spectacle massivement informatisé°, moderniste par son dispositif, mais au fond un bon vieil opéra, où un chant est un chant, une percussion un accompagnement, et où chaque mot possède une signification. [...]

2   *The Cave* raconte l'histoire d'Abraham (Ibrahim en arabe) et celle de sa femme Sarah, longtemps stérile, qui, très vieille, enfanta miraculeusement Isaac. La grotte désignée par le titre est celle où le prophète fit enterrer Sarah, et où il fut enterré lui-même. À cette inhumation assistait non seulement Isaac mais Ishamel, le fils qu'Abra-ham avait eu de sa servante Hajar (Agar en hébreu). Agar était une jeune et jolie Égyptienne, abandonnée par le patriarche[2] à la jalousie de son épouse légitime. Agar et Ishamel durent° fuir dans le désert.

3   C'est ce «réfugié» que les Arabes allaient considérer comme leur père. Isaac, le fils légitime, étant «le père des Juifs». Sisé° à Hébon, ville à majorité arabe, la grotte est un sanctuaire pour les deux religions. Les lieux saints sont aujourd'hui surmontés par une mosquée, le site surveillé par des soldats israéliens. Une partie en est interdite aux juifs, une autre aux musulmans.

4   Qu'en est-il aujourd'hui de cette vieille histoire de rivalité fraternelle[3] racontée par la Bible puis par le Coran? Beryl Korot, armée de sa caméra vidéo, est allée très (trop?) ingénument poser la question aux descendants actuels des frères ennemis. À des intellectuels, à des historiens juifs de Jérusalem-Ouest. À des érudits, des chefs reli-gieux musulmans de Jérusalem-Est. [...]

Marginal glosses:
- apparatus / space shuttle
- 5 redundancies / at the crossroads of / With the (artistic) signature of / computerized
- 10
- 15 *passé simple* of *devoir*
- Located
- 20
- 25

---

1. Centre culturel dans la banlieue de Paris.
2. Il s'agit d'Abraham.
3. C'est-à-dire, la rivalité entre le fils «légitime» d'Abraham, Isaac, et le fils qu'Abraham avait eu de sa servante Agar.

5   Tout le spectacle exprime l'importance de la Parole: un quatuor à cordes° repro- | string quartet
duit les inflexions de certaines phrases, de certains mots. L'articulation des voix enre-
gistrées est la source de tous les rythmes, qu'ils soient scandés° par des percussions, | marked out
par deux pianos, ou tapotés au maillet° ou à la main sur des claviers° d'ordinateurs 30 | tapped out with a mallet / keyboards
amplifiés. Les intonations parlées, si différentes d'une langue à l'autre, sont dédou-
blées° [...] par deux sopranos, un baryton et un ténor. Musiciens, informaticiens, cho- | divided out
ristes, se superposent sur trois étages, partagés géométriquement par des écrans
géants. *The Cave* dure trois heures, sans longueurs [...].

6   Une réussite. N'hésitez pas: réservez vos places! 35

— *tiré du Monde, le 29 octobre 1993*

Texte II
COMPTE RENDU DE *LAST ACTION HERO*

Se moquer de soi est une preuve d'intelligence. Donc *Last Action Hero* est un film intel-
ligent. Il se présente comme un gigantesque jeu de piste° doublé d'une tarte à la crème° | treasure hunt / slapstick
[...].

Le jeu.   Tout le film se décline sur le mode ludique°. Le sujet tout d'abord, qui | playful
traite du spectateur et de son héros. Danny Madigan (Austin O'Brien), dingue° des 5 | crazy about
films du sergent Jack Slater (Arnold[4]) est projeté, grâce à un ticket magique, dans l'uni-
vers de son idole. Il atterrit d'ailleurs directement dans la bagnole° de Slater au | car *(familiar)*
moment où ce dernier est poursuivi par une bande de salopards°. Danny, qui connaît | gang of bad guys
le film, va, primo°, révéler à Slater le nom des méchants; secundo°, essayer de le | first of all / second of all
convaincre qu'il n'est qu'un personnage de fiction, en lui expliquant que, s'il sort 10
indemne d'une explosion de voiture, c'est qu'il y a quelque chose qui cloche°. Le trai- | something that is not right
tement appliqué par McTiernan[5] fait aussi partie du jeu (et du plaisir). Outre les effets
de miroir propres au thème «le film dans le film», ce ne sont que des références (drôles
en général) à l'histoire du cinéma. L'intelligence du film est d'ailleurs d'éviter la suren-
chère gratuite°. Au contraire, McTiernan nous sert ses clins d'œil° comme autant 15 | gratuitous touches / hint
d'indices d'un jeu de piste. Exemple. Une scène de nuit: la pleine lune, un vélo, Danny.
Voilà les images, à vous de trouver le film. Trois minutes plus tard, McTiernan donne
la solution, merci E.T. Et tout est du même (gros) calibre°. | caliber

La tarte à la crème.   En jouant la carte du pastiche°, McTiernan tourne en déri- | imitation
sion les films d'action en grossissant à outrance° les cascades et les bagarres°. [...] Le 20 | outrageously / the fights, scuffles / 300 kilometers
film va à 300 km/h°, la mise en scène est époustouflante° (des idées à chaque plan) et | per hour *(= very fast)* /
Schwarzie s'amuse comme un petit fou. Un régal°. | terrific, "it bowls you over" / a delight

— *tiré de Première, août 1993*

RÉFLEXIONS

Après avoir lu ces comptes rendus, avez-vous envie de voir *The Cave* ou *Last Action
Hero?* Pourquoi ou pourquoi pas? Quelles questions aimeriez-vous poser aux journalistes pour mieux apprécier ces deux œuvres?

---

4. Arnold Schwarzenegger; in the final paragraph, he is referred to as Schwarzie.
5. i.e., the director.

COMPRÉHENSION DU TEXTE

Texte I

1. Dans quelle mesure *The Cave* est-il un opéra traditionnel?

   _____

   _____

2. Qu'est-ce qui rend cet opéra moderne?

   _____

   _____

3. Que veut dire la dernière phrase de ce compte rendu?

   _____

   _____

4. En quoi le thème de cet opéra — la rivalité fraternelle — est-il universel? Dans quels films ou romans avez-vous déjà rencontré ce thème?

   _____

   _____

   _____

   _____

Texte II

1. Quels aspects du film *Last Action Hero* les allusions au «jeu de piste» et à «la tarte à la crème» soulignent-elles?

   _____

   _____

2. Connaissez-vous d'autres exemples de «film dans le film» ou de «livre dans un livre»?

   _____

   _____

3. Avez-vous vu cet opéra ou ce film? Êtes-vous d'accord avec les journalistes qui ont écrit les comptes rendus?

   _____

   _____

4. Si vous n'aviez pas encore vu le film ou l'opéra, quelles phrases dans ces comptes rendus vous convaincraient ou dissuaderaient de voir ces spectacles?

_____

_____

_____

_____

ANALYSE STRUCTURELLE

Texte I

1. Trouvez des divisions logiques dans le compte rendu et expliquez leurs fonctions.

_____

_____

_____

_____

_____

2. Divisez le premier paragraphe en parties et donnez un titre à chacun.

_____

_____

_____

3. Quelle est la fonction de la dernière ligne du premier paragraphe?

_____

_____

_____

4. Trouvez le(s) passage(s) où on ...

   a. identifie le genre.

_____

_____

   b. parle de la musique.

_____

_____

c. décrit la mise en scène.

_____

_____

d. fait des jugements sur l'œuvre.

_____

_____

5. Quelles expressions servent à structurer le récit de l'intrigue?

_____

_____

_____

Texte II

1. Par quel procédé le compte rendu est-il structuré?

_____

_____

_____

2. Trouvez le(s) passages(s) où on ...

a. identifie le genre.

_____

_____

b. raconte l'intrigue.

_____

_____

c. parle de l'aspect technique du film.

_____

_____

d. donne son jugement sur le film.

_____

_____

3. Quelles expressions servent à structurer le récit de l'intrigue?

_____

_____

ANALYSE STYLISTIQUE

1. Voici quatre phrases tirées des comptes rendus ci-dessus. Ce sont des *phrases nominales*, c'est-à-dire que le verbe est supprimé. Quels verbes ont été supprimés? En vous reportant au contexte, dites quel effet stylistique on en tire.

   a. *D'un côté, un dispositif multi-média aussi fonctionnel qu'une navette spatiale; une «intrigue» à rebondissements, une histoire — et quelle histoire! — racontée trois fois pour plus de sécurité.* [Texte I, lignes 1–3]

      Verbe(s) supprimé(s): _____

   b. *À des intellectuels, à des historiens juifs de Jérusalem-Ouest.* [Texte I, lignes 24–25]

      Verbe(s) supprimé(s): _____

   c. *Exemple. Une scène de nuit: la pleine lune, un vélo, Danny.* [Texte II, ligne 16]

      Verbe(s) supprimé(s): _____

   d. *Un régal.* [Texte II, ligne 22]

      Verbe(s) supprimé(s): _____

2. Appréciez l'emploi du participe passé dans les phrases suivantes. Quelle est sa position dans la phrase? Quelle partie de la phrase est-ce qu'il modifie? Quelle proposition verbale remplace-t-il?

   a. *Accueilli, du 21 au 24 octobre, par la Maison de la culture de Bobigny dans le cadre du Festival d'automne,* The Cave *joue sur la clarté et les redondances d'un projet fort, aux croisées de l'histoire sainte et de l'actualité.*

      _____

      _____

   b. *Signé par Steve Reich pour la musique, par Beryl Korot pour les images vidéo, c'est un spectacle massivement informatisé ...*

      _____

      _____

   Trouvez d'autres exemples de l'emploi du participe passé et analysez-les.

   _____

   _____

3. Trouvez des exemples de parallélisme[1] dans les deux comptes rendus.

_____

_____

_____

4. À quels temps est-ce que l'histoire d'Abraham est racontée? Et l'histoire de Danny?

_____

_____

5. Quel texte appartient à un registre de langue plus soutenu? plus populaire? Trouvez d'autres exemples de cette différence de registre dans les domaines suivants.

    a. Vocabulaire

    _____

    b. Longueur de la phrase

    _____

    c. Structures syntaxiques

    _____

6. Trouvez des expressions utilisées pour parler des catégories suivantes:

Musique	Jeu	Réalisation

7. Trouvez des expressions qui expriment un jugement positif des deux œuvres.

_____

_____

_____

1. Propositions dont l'ordre des mots et leur fonction grammaticale sont pareils.

● LES ACTES DE PAROLE

Pour parler d'un film/d'une pièce/d'une émission à la télévision

Comme point de départ pour votre compte rendu, il faut identifier le genre. Étudiez les expressions présentées ci-dessous.

Au cinéma

un film policier	un film	de suspense
un western		de science-fiction
un drame psychologique		d'aventures
une comédie		d'épouvante

un cinéaste	l'écran
un réalisateur	
un acteur/une actrice	

Au théâtre

une tragédie	un quiproquo	la scène
une comédie	un coup de théâtre	le metteur en scène
un mélodrame	un dénouement	la troupe
		le costume

À la télévision

un documentaire
un feuilleton
une série
une publicité

Pour raconter l'intrigue

Dans votre compte rendu, vous donnerez un résumé de l'intrigue. Les expressions suivantes vous seront utiles.

Dans cette pièce, il s'agit de ...
Ce livre ┊ évoque ...
        ┊ raconte ...

Le sujet du film traite de ...
L'intrigue ┊ se déroule d'une façon ludique.
          ┊ se décline sur le plan ludique.

Sur le plan technique ...

EXERCICE

A. **Identifiez.** Remplissez la grille en utilisant le vocabulaire présenté ci-dessus. Si vous ne connaissez pas les deux films mentionnés ni les films de Truffaut, choisissez d'autres films et/ou un autre metteur en scène que vous connaissez.

Film	Genre	Metteur en scène	Il s'agit de ...
Manon des Sources			
Un cœur en hiver			
	une comédie		
		François Truffaut	

Pour émettre un jugement sur une œuvre artistique

Le but du compte rendu est de donner votre opinion de l'œuvre. Vous considérerez plusieurs domaines avant de donner un jugement global. On peut juger:

la mise en scène	le jeu	l'interprétation
l'intrigue	le développement	la trame *(framework)*
le dénouement	la représentation	l'image

Domaine	Jugement positif	Jugement médiocre	Jugement négatif
le jeu	original excellent	banal	mauvais de mauvaise qualité
le dénouement	inattendu surprenant	conventionnel	décevant sans sel
les acteurs	étonnants époustouflants	médiocres	manquant d'expérience inexpérimentés
la mise en scène	soignée	quelconque	sans surprise
la qualité littéraire	supérieure	sans génie pas brillante	dénuée d'intérêt

Pour donner un jugement global

Utilisez ces expressions pour donner votre opinion sur la totalité du spectacle.

Quelques verbes opposés

J'ai beaucoup aimé ce film.	≠	Je n'ai pas du tout aimé ce film.
Je l'ai adoré.	≠	Je l'ai détesté.
Il m'a [beaucoup] plu.	≠	Il ne m'a pas plu du tout.
Ce film m'intéresse.	≠	Ce film m'exaspère.
Ce film m'a bouleversé(e).	≠	Ce film m'a laissé(e) indifférent(e).

Quelques adjectifs opposés

Je trouve cette pièce bien | faite ≠ mal faite | jouée / jouée | conçue / conçue | interprétée / interprétée

Ce film est	distrayant / amusant	≠	ennuyeux
	intéressant		sans intérêt
	captivant		dénué d'intérêt
	passionnant		médiocre / quelconque / sans intérêt
	très réussi		incohérent / incompréhensible
	super / génial		

| C'est un succès. | ≠ | C'est une catastrophe. |
| | | C'est un navet. |

EXERCICES

B. **Critiques.**   Voici des extraits de comptes rendus tirés de Télé 7 jours, un téléguide français. Dites s'il s'agit d'un jugement plutôt positif ou négatif. Ensuite, refaites le jugement en utilisant une expression présentée ci-dessus.

> *Guerre et amour* de Woody Allen

> **Comédie dramatique.** Derrière «Guerre et amour» lisons une parodie du célèbre «Guerre et paix» de Tolstoï. Le héros, Woody Allen lui-même, est entraîné, pacifiste convaincu, dans cette Russie en proie aux guerres napoléoniennes. Une succession de situations drolatiques, où le charme, la cocasserie et la réflexion font bon ménage.
>
> Votre jugement: *C'est un compte rendu positif, mais non pas enthousiaste. Le film est distrayant mais pas brillant.*

1. *Star Trek* de Robert Wise

   Science Fiction. Née dans la foulée d'une série télé américaine, l'aventure d'un vaisseau spatial, à la recherche d'un ennemi qui s'approche de la Terre. Comme attendu, un festival d'effets et de trucages° spectaculaires, une musique tonitruante° et, par tradition, une pincée de morale. Malgré la signature de Robert Wise, un peu décevant. Accrocheur°.

   effects
   thundering
   gripping

   Votre jugement: _____

   _____

2. *Mad Max* de George Miller

   Aventures policières. Flic, Max (Mel Gibson) traque° un chauffard° fou, qui sème la terreur en Australie. Il le traque, l'élimine, mais il n'est pas au bout de ses peines: d'autres chauffards ne le laisseront pas en paix. Un film impressionnant, avec des cascades spectaculaires, dont la violence est le moteur. On en sort épuisé, mais rassasié° d'images étonnantes.

   stalks / (bad) driver

   full

   Votre jugement: _____

   _____

3. *Scorpio* de Michael Winner

> **Espionnages.** La CIA, ses vrais espions, qui n'en ont pas l'air, ses faux agents auxquels on donnerait le bon Dieu sans confession. Qui croire lorsqu'ils s'affrontent: Burt Lancaster, le vieux de la vieille° ou Alain Delon, le jeune loup? Qui manipule qui? Réponse dans ce film astucieux°, à suivre avec attention, sinon, on s'y perd.

die-hard

clever

Votre jugement: _____

_____

C. **Affiches.** Connaissez-vous bien ces films? Identifiez le genre et racontez un peu l'intrigue des films sur ces affiches.

1   2   3

1. _____

_____

_____

_____

2. _____

_____

_____

_____

3. _____

_____

_____

_____

D. **À vous.**   Choisissez un film que vous avez vu récemment. Commentez un aspect du film: l'intrigue, la réalisation, le jeu, etc. Si possible, comparez ce film à un autre film.

LA STYLISTIQUE

La phrase nominale

La phrase nominale, c'est-à-dire une phrase sans verbe, interrompt le rythme du discours. Dans un passage contenant une série de phrases relativement complexes, la simplicité structurale de la phrase nominale attire l'attention du lecteur. Son emploi évite aussi l'usage des verbes plats tels que *être, y avoir,* etc. Employez donc la phrase nominale pour attirer l'attention du lecteur sur un exemple, un jugement, un trait saillant, un aspect inattendu.

> Il y avait, d'un côté, un dispositif multi-média ... →
> *D'un côté, un dispositif multi-média ...*
>
> Voici un exemple. C'était une scène de nuit. La lune était pleine ... →
> *Exemple. Une scène de nuit: la pleine lune ...*
>
> C'était un régal. →
> *Un régal.*

EXERCICE

 E. **Des comptes rendus.**   Refaites les comptes rendus suivants, tirés de Télé 7 jours, en transformant les phrases avec des verbes en phrases nominales si possible.

1. *Bloody Bird* de Michèle Scavi

> **Épouvante.** Bloody Bird est un suspense diablement bien mené dans ce théâtre où des comédiens interprètent une comédie d'épouvante, «Horror Music».
> Un tueur fou rôde° dans les coulisses°. L'atmosphère est savamment entretenue°. On attend à chaque instant le prochain crime. On tremble pour de bon sur des effets dramatiques réussis.

prowls / wings (of a stage)
maintained

_____

_____

_____

_____

_____

_____

_____

2. *Liste Noire* d'Alain Bonnot

> **Policier.** À fréquenter les truands°, Nathalie (Sandrine Dumas) perd la vie   crooks, bad guys
> dans un règlement de comptes°. Sa mère va la venger. Les tueries ne man-   settling of accounts
> queront pas: il y a beaucoup de sang versé, beaucoup de violence. Des scènes
> spectaculaires s'ensuivent. Le film a un scénario, qui tourne, hélas, au mélo°,   = *mélodrame*
> avec une Annie Girardot larmoyante°.   tearful

_____

_____

_____

_____

_____

3. *Funny Boy* de Christian Le Hémonet

> **Comédie.** Sur scène, dans un cabaret où il se produit, Micky (Gérard Lecail-   transvestite / fight over
> lon) est un chanteur travesti°. Dans les coulisses, ces dames se l'arrachent°:   him / neighbor on the
> danseuses, strip-teaseuses; il y a même la voisine de palier°. C'est un cocktail   same landing / naughty
> coquin°, auquel Valérie Mairesse apporte son enthousiasme toujours appré-
> cié. C'est un film enlevé°, sympathique et distrayant.   spirited

_____

_____

_____

_____

_____

L'infinitif comme sujet

Pour varier le style ou rendre l'expression plus concise, vous pouvez remplacer une proposition verbale par l'infinitif correspondant. Dans l'exemple suivant, remarquez l'emploi de *c'est* pour lier les deux propositions: la deuxième proposition explique ou élabore la première.

> Quand/si on se moque de soi, c'est une preuve d'intelligence. →
> *Se moquer de soi est une preuve d'intelligence.*

F. **Transformez.**   Refaites les phrases suivantes en remplaçant la proposition en italique par l'infinitif qui correspond. N'oubliez pas de faire tous les changements
nécessaires.

> *Quand on mange sainement,* c'est le signe du bien-être
> physique et mental.
> *Manger sainement, c'est le signe du bien-être physique et
> mental.*

1. *Si vous trahissez un ami,* c'est vous trahir.

   _____

2. *L'entraîneur doit choisir le meilleur joueur,* c'est essentiel.

   _____

3. *Si vous lui parlez dans sa langue maternelle,* c'est lui faire plaisir.

   _____

4. *Il veut faire des économies,* c'est une bonne idée.

   _____

5. *Quand on lit de la fiction,* c'est se transposer dans un autre monde.

   _____

Le participe passé pour éviter la voix passive

Évitez la voix passive en employant le participé passé du verbe correspondant.

> L'opéra a été accueilli, du 21 au 24 octobre, par la Maison de la culture de
> Bobigny ...
> *Accueilli, du 21 au 24 octobre, par la Maison de la culture de Bobigny ...*
>
> Le film, qui a été signé par Steve Reich pour la musique ...
> *Signé par Steve Reich pour la musique ...*
>
> Agar était une jeune et jolie Égyptienne, qui a été abandonnée par le patriar-
> che ...
> *Agar était une jeune et jolie Égyptienne, abandonnée par le patriarche ...*

G. **Évitez la voix passive.**   Dans les phrases suivantes, évitez l'emploi de la voix passive en remplaçant la proposition subordonnée relative par un participe passé.

> Le réalisateur du film, qui a été interrogé par un journa-
> liste du *Monde,* a fourni des réponses sans intérêt.
> *Le réalisateur du film, interrogé par un journaliste du* Monde,
> *a fourni des réponses sans intérêt.*

1. *Manhattan Murder Mystery,* qui a été réalisé par Woody Allen, est sorti à la suite d'un grand scandale.

   _____

   _____

2. L'impression qui est provoquée par ce livre est forte et rassurante.

   _____

3. Cette émission, qui était appréciée de tout le monde, va être rediffusée.

   _____

4. Ce livre, qui a été publié après la mort de l'auteur, a suscité une fureur.

   _____

5. Cette pièce, qui a été bien reçue par les critiques, a attiré l'attention du grand public.

   _____

6. La caméra, qui a été inventée en 1895 par les Frères Lumière, fait partie de la vie quotidienne depuis la deuxième moitié du XXe siècle.

   _____

   _____

VOCABULAIRE

Pour parler des livres

Les genres

un roman	une pièce de théâtre
un conte	une fable
un poème (la poésie)	une nouvelle

Les styles

le classicisme	l'existentialisme
le romantisme	le postmoderne
le surréalisme	

Les créateurs

un(e) romancier(-ière)	un(e) dramaturge
un(e) conteur(-euse)	un écrivain (une femme écrivain)
un poète (une poétesse)	un auteur

Les époques

le Moyen Âge	la période │ moderne
la Renaissance	l'époque
le dix-septième (dix-huitième, etc.) siècle	

Pour parler de la musique classique

Le spectacle

un concert	un concerto
un récital	la danse
un festival	le ballet

Le genre

un opéra
une symphonie
une chanson (le chant)

L'interprétation

un(e) musicien(ne)
un(e) chanteur(-euse)

jouer	d'un instrument
	du violon
	du piano
	du violoncelle
	de la clarinette
	de la flûte
	etc.

Pour parler de la musique populaire

Le genre	*Le musicien*		
le rap	un rappeur		
le reggae	un ragga		
le rock	un rocker		
le blues	un musicien	de blues	
le jazz		de jazz	
la country		de country	

Dans un groupe, le/la	guitariste	joue	de la guitare.
	bassiste		de la basse.
	batteur(-euse)		de la batterie.
	saxophoniste		du saxophone.
	trompétiste		de la trompette.

EXERCICES

H. **Des affiches.** En utilisant les catégories ci-dessus indiquées, décrivez les spectacles annoncés par les affiches reproduites qui suivent.

1. _____

_____

_____

_____

1

2

3

2. _____

_____

_____

_____

3. _____

_____

_____

_____

I. **Un spectacle.** Écrivez un paragraphe sur un concert, une pièce de théâtre, un opéra ou un ballet auquel vous venez d'assister. Précisez le genre et le style; l'époque de sa composition; l'auteur ou le compositeur; de quoi il s'agissait. Finalement, donnez votre réaction.

MISE EN PRATIQUE

Vous allez faire le compte rendu d'un film (d'une pièce de théâtre, d'un concert) que vous avez vu récemment et qui vous a plu.

1. Donnez le titre, le nom du/de la cinéaste, et d'autres faits importants sur ce film.

_____

_____

_____

2. Brièvement, de quoi s'agit-il dans ce film?

_____

_____

_____

3. Trouvez des mots riches, forts et convaincants pour décrire les aspects suivants de ce film.

Le genre	
Le jeu	
La musique	
La mise en scène	
L'intrigue	
Les personnages	
L'interprétation	
La cinématographie	
L'aspect technique	
Le dénouement	

4. Pensez à une première phrase qui donnerait aux lecteurs envie de lire votre compte rendu.

_____

_____

ÉCRIVEZ

Suivez les conseils proposés ci-dessous ainsi que les indications données par votre professeur pour bien rédiger votre composition.

1. **Premier jet.** Écrivez une première ébauche en incluant les éléments esquissés dans la partie *Mise en pratique*.

2. **Retouches.** Maintenant, relisez attentivement votre texte. Évitez de raconter toute l'histoire. Pensez à éveiller l'attention du lecteur / de la lectrice: votre but est de donner envie de voir le film. Vérifiez votre grammaire, en faisant surtout attention au vocabulaire utilisé pour émettre un jugement. Et bien sûr, n'oubliez pas d'accorder sujet-verbe, nom-adjectif, article-substantif.

3. **Dictionnaire personnel.** De quels nouveaux mots vous êtes-vous servi pour écrire votre récit? Ajoutez-les à votre dictionnaire personnel.

4. **Révision en groupes.** Commentez et corrigez la composition d'un(e) autre/ d'autres selon le système proposé par votre professeur.

5. **Version finale.** En considérant les commentaires suggérés par les étudiants et/ou le professeur, rédigez la version finale.

ÉCRITURE LIBRE

Choisissez un sujet parmi les suivants et écrivez vos réflexions dans votre journal, selon les indications de votre professeur.

1. Préférez-vous voir les adaptations cinématographiques des romans avant ou après avoir lu le texte? Expliquez.

2. Décrivez un film que vous n'avez pas du tout aimé. Expliquez les raisons pour lesquelles ce film est, à votre avis, un navet *(flop)*.

3. Un autre sujet de votre choix.

Chapitre

LA CORRESPONDANCE

Une lettre transmet un message entre un scripteur et un destinataire. La forme, le vocabulaire et le ton d'une lettre dépendent de la nature du message, des rapports qui lient le scripteur au destinataire et de leur qualité respective.

La forme des lettres est très variée, de la lettre personnelle à un ami à la lettre officielle, commerciale ou administrative. Mais toute lettre doit respecter un certain nombre de règles conventionnelles, tout spécialement rigides quand il s'agit de correspondance officielle.

Une lettre se compose:

- d'un en-tête (lieu et date / nom et fonction du correspondant dans une lettre administrative)
- d'une formule initiale
- d'un ou de plusieurs paragraphes
- d'une formule finale

Les formules initiales et finales varient selon la relation qui lie le scripteur au destinataire.

POUR DISCUTER

Quelles différences trouve-t-on entre une lettre d'affaires et une lettre personnelle? Quels renseignements donneriez-vous dans une lettre de demande de poste dans une entreprise?

Texte 1
LETTRE POUR SOLLICITER UN EMPLOI

Mlle Anne RICORDEAU   Paris, le 21 décembre 1995
43, rue Quimcampoix
75004 PARIS

                                        Mme Solange BORDIER
                                        Agence Inter-Voyages
                                        21, rue Soufflot
                                        75005 PARIS

Madame,

   Comme suite à votre annonce parue dans *France-Ouest* du 15 courant, j'ai l'honneur de vous faire savoir que je suis intéressée par l'emploi d'agent de voyages dans votre établissement.

   J'ai terminé mes études de «tourisme» en 1992, et j'ai ensuite effectué un stage° de six mois à l'agence Voyages Express. Avec mon curriculum vitæ, je joins aussi à cette lettre mon rapport final de stage, où vous verrez que mes employeurs avaient été satisfaits de mon travail.

   Dans l'espoir que ma candidature retienne votre attention, je vous prie de croire, Madame, à mes sentiments distingués.

                                        Anne Ricordeau

internship

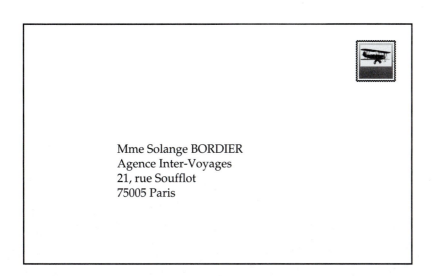

Mme Solange BORDIER
Agence Inter-Voyages
21, rue Soufflot
75005 Paris

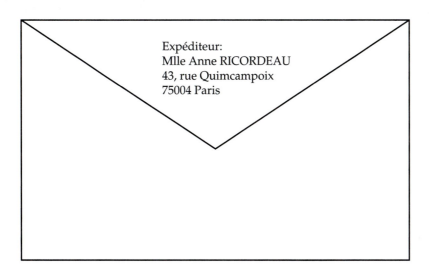

Expéditeur:
Mlle Anne RICORDEAU
43, rue Quimcampoix
75004 Paris

Texte II
LETTRE DE REMERCIEMENT

Nice, le 10 janvier 1995

Chère Caroline,

Merci beaucoup pour le magnifique livre de cuisine accompagné des petits moules à gâteau°, ainsi que de tes bons vœux. J'ai reçu le paquet aujourd'hui et vais tenter une recette dès ce soir! À mon tour, je t'adresse, à toi et à ton ami, mes meilleurs vœux de santé, de bonheur et de succès pour la nouvelle année.

Ici, tout va bien. Vanessa est toujours aussi studieuse, elle est cette année en terminale°, et elle commence à se faire du souci pour le bac! Je comprends ses angoisses, mais j'ai confiance en elle. Quant à Ariane, elle a beaucoup grandi, mais, hélas, pas en sagesse ... Et moi, je pense sérieusement à reprendre un travail, maintenant que ma présence à la maison est moins nécessaire pour les enfants. J'aimerais trouver un emploi dans ma spécialisation, toutefois, je ne peux pas faire trop la difficile. Le chômage a atteint des proportions telles que je m'estimerais heureuse d'obtenir un job!

Nous avons eu jusqu'à présent un temps magnifique. Hier, il faisait tellement beau que nous sommes allés pique-niquer dans le parc près de notre maison. C'était extra!

J'espère que tu es en pleine forme. Continue de nous écrire. Toute la famille se joint à moi pour t'embrasser très fort.

Muriel

cake-tins

final year of lycée

Mme Caroline NATHAN
37, avenue Carnot
75017 Paris

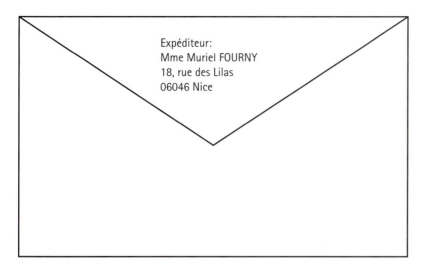

Expéditeur:
Mme Muriel FOURNY
18, rue des Lilas
06046 Nice

 **RÉFLEXIONS**

Commentez le ton et le style des deux lettres. Quels mots ou quelles expressions distinguent la première lettre de la deuxième?

COMPRÉHENSION DES TEXTES

Texte I

1. Dans quel but est-ce que Mlle Ricordeau rédige sa lettre?

   _____

   _____

2. Comment a-t-elle appris qu'un poste était vacant?

   _____

   _____

3. Faites un résumé de sa formation. Quel document joint-elle à sa demande pour soutenir sa candidature?

   _____

   _____

Texte II

1. Pour quel motif Muriel a-t-elle écrit cette lettre?

   _____

   _____

2. Décrivez sa famille: combien d'enfants a-t-elle? quel âge ont-ils? que font-ils?

_____

_____

3. Pourquoi Muriel veut-elle chercher du travail? Quel problème doit-elle affronter?

_____

_____

ANALYSE STRUCTURELLE

Texte I

1. Regardez la lettre et l'enveloppe. Repérez *(locate):*

   - le nom de l'expéditeur
   - le nom du destinataire
   - la date
   - le code postal

   Quelles différences dans la ponctuation et l'emploi des lettres majuscules remarquez-vous entre la correspondance américaine et la correspondance française?

   _____

   _____

   _____

   _____

2. Analysez la fonction de chaque paragraphe.

   Paragraphe 1: _____

   _____

   _____

   Paragraphe 2: _____

   _____

   _____

   Paragraphe 3: _____

   _____

   _____

Texte II

1. Quelle est la fonction du premier paragraphe?

   _____

   _____

   Du dernier paragraphe?

   _____

   _____

2. Dans quels paragraphes est-ce que Muriel parle de sa propre situation?

   _____

   _____

3. À quels moments s'adresse-t-elle directement à sa correspondante?

   _____

   _____

ANALYSE STYLISTIQUE

Texte I

Quelle est la fonction des expressions suivantes? Respect? Affirmation? Politesse? Confirmation? Attirer l'attention?

Expression	Fonction
Comme suite à votre annonce parue dans *France-Ouest* du 15 courant ...	
J'ai l'honneur de vous faire savoir ...	
Dans l'espoir que ma candidature retienne votre attention ...	
Je vous prie de croire, Madame, à mes expressions distinguées.	

Texte II

1. Comparez la formule initiale et la formule de politesse finale des deux lettres. Quelles différences remarquez-vous?

   _____

   _____

2. Chaque paragraphe a un but spécifique. Trouvez les phrases correspondant à ces buts:

a. Remerciements: _____

_____

b. Vœux de bonne année: _____

_____

c. Nouvelles de la famille: _____

_____

d. S'intéresser à la correspondante: _____

_____

LES ACTES DE PAROLE

Pour désigner l'expéditeur et le destinataire

Comme on a vu ci-dessus (*Texte I*), au contraire des pratiques américaines, le nom de l'expéditeur se met en haut, *à gauche*, et celui du destinataire, *à droite*. Les noms de famille s'écrivent en lettres majuscules. Les villes de l'expéditeur et du destinataire sont aussi normalement écrites en lettres majuscules.

Pour saluer: les formules de politesse

La formule initiale

Elle varie selon la relation qu'entretiennent le scripteur et le destinataire.

	Titre	Circonstances
plus F	Madame, Monsieur	S'emploie quand vous ne savez pas si votre correspondant est un homme ou une femme.
O	Madame Monsieur	S'utilise quand vous savez que vous vous adressez à une femme ou un homme, mais que vous ne connaissez pas (ou peu).
R	Monsieur le Directeur/Madame la Directrice/Monsieur l'Ambassadeur/Maître/Docteur, etc.	Lettre officielle, fonction et titres connus
M	Cher Monsieur/Chère Madame/Cher (Chère) ami(e)	Vous connaissez assez bien cette personne; rapport mi-formel et mi-familier
E	Cher Marc/Chère Michelle	Rapports intimes, ami(e) connu(e) depuis longtemps
L moins	Mon cher Marc/Ma chère Michelle; Mon Marc adoré/Ma Michelle adorée; Chéri(e)	Rapports très intimes, amoureux

Pour entrer en matière

C'est le début du corps de la lettre, normalement le premier paragraphe, où vous exprimez le but de votre correspondance:

Pour poser sa candidature

Je suis intéressé(e) par l'offre de l'emploi [de secrétaire] ...
L'offre d'emploi que vous avez publiée dans [*Le Monde*] de ce jour m'intéresse au
   plus haut point ...
J'ai l'honneur de poser ma candidature au poste de [vendeur] ...
Suite à votre annonce, je vous écris afin de vous faire savoir que la place d'[ingénieur]
   qui est vacante m'intéresserait ...

Pour répondre

J'ai l'honneur de vous rendre compte ...   (*à une personne importante*)

En réponse à votre lettre ...   (*à une personne que vous ne*
Comme suite à votre lettre ...   *connaissez pas ou que vous*
Comme suite à notre conversation téléphonique ...   *connaissez peu*)

J'ai bien reçu ta lettre du ...   *(à un parent ou un[e] ami[e])*
Je réponds à ta lettre du ...
Ta lettre du ... m'est bien arrivée.
Je réponds à ta lettre du ...

Pour demander

J'ai l'honneur de vous adresser ...   *(à une personne importante)*
J'ai l'honneur de solliciter ...

Je vous prie de ...   *(à une personne que vous ne*
Je voudrais commander ...   *connaissez pas ou que*
Je vous serais très obligé(e) de ...   *vous connaissez peu)*
Je vous serais très reconnaissant(e) de ...

Peux-tu me dire ...?   *(à un parent ou un[e] ami[e])*
Est-ce que tu peux ...?

Pour remercier

Je vous serais très obligé(e) de ...   *(à une personne importante)*
Je vous serais très reconnaissant de ...

Je voudrais vous remercier de votre gentillesse ...   *(à une personne que vous ne*
J'ai passé de très bons moments en votre compagnie ...   *connaissez pas ou que*
                                                                         vous connaissez peu)

Je te remercie de ta lettre du ...   *(à un parent ou un[e] ami[e])*
Merci de ta lettre du ...
Merci de m'avoir écrit pour ...

Pour annoncer une bonne nouvelle

J'ai le plaisir de ...   *(à une personne que vous ne*
                                                                         connaissez pas ou que
                                                                         vous connaissez peu)

Je suis heureux de savoir que ...   *(à un parent ou un[e] ami[e])*

Pour annoncer une mauvaise nouvelle, un refus

J'ai le regret de ...   *(à une personne que vous ne*
                                                                         connaissez pas ou que
                                                                         vous connaissez peu)

Je suis désolé(e) d'apprendre que ...   *(à un parent ou un[e] ami[e])*

Pour clore

Dans les lettres où on postule à un emploi ou demande un service, il est souhaitable d'ajouter une formule avant de finir la lettre.

Avec mes remerciements anticipés,   *(pour remercier)*
Nous vous remercions à l'avance et ...

Dans l'attente de votre réponse ...   *(pour solliciter une réponse)*
Dans l'attente d'une réponse favorable ...
Dans l'espoir que ma demande recevra un accueil
   favorable ...

La formule de politesse finale

C'est la formule qui se trouve juste avant la signature. Il faut toujours reprendre, dans la formule de politesse finale, les mêmes termes que ceux de la formule initiale (Madame, Monsieur le Directeur, etc.).

Croyez, Monsieur, à mes sentiments les meilleurs.
Veuillez croire, Madame, à mon respectueux souvenir.
Croyez, Monsieur, à ma très haute considération.

(à quelqu'un que vous ne connaissez pas ou à un supérieur)

Je vous prie[1] d'accepter, Madame, l'hommage[2] de ma profonde gratitude.

(d'un homme à une femme)

Croyez, cher/chère Jean/Jeanne, à ma fidèle amitié.
Recevez, cher/chère ami(e), l'expression de ma respectueuse amitié.
Je vous prie de croire, cher/chère ami(e), à mon amical avenir.

(à une connaissance)

Amicalement ...
Bien à toi ...
À bientôt ...
Je pense à toi ...

(à un[e] ami[e] très proche)

Je t'embrasse ...

(indique des rapports plus intimes)

La signature

Elle est toujours manuscrite, jamais tapée à la machine!

Pour formuler l'adresse sur l'enveloppe

Pour mettre l'adresse sur l'enveloppe, suivez les conseils ci-dessous, illustrés à la page 155.

- Le nom de famille de l'expéditeur et du destinataire s'écrivent en lettres majuscules.
- Une virgule sépare le numéro du nom de la rue.
- Le code postal précède le nom de la ville, qui s'écrit d'habitude en lettres majuscules.

Si vous écrivez à une personne en voyages, les formules suivantes seront utiles:

Situation	Vous écrivez ...
Votre destinataire n'est pas à son adresse permanente (il est chez des amis, chez une famille d'accueil).	Monsieur DUPONT, aux bons soins de la famille CORTEZ
Votre destinataire est peut-être déjà parti de l'adresse indiquée.	Veuillez faire suivre

EXERCICES

A. **Classez.** Classez les formules suivantes selon leur fonction (l'en-tête; l'entrée en matière; les remerciements, etc.). Ensuite, expliquez qui les emploierait en écrivant à qui. Suivez le modèle.

---

1. Marque une déférence plus grande.
2. Les hommages se présentent à une femme, de la part d'un homme.

Formule	Fonction	Correspondants
Amitiés	*Formule de politesse finale*	*Pour écrire à un(e) ami(e)*
J'ai l'honneur de poser ma candidature ...	*Pour poser sa candidature*	*Pour écrire à une personne qu'on ne connaît pas/qu'on connaît peu*
Croyez, Monsieur, à mes sentiments les meilleurs.		
Avec nos remerciements anticipés, nous vous remercions à l'avance et ...		
Monsieur		
Je vous serais très reconnaissant de ...		
Bien à toi		

B. **Formules.**   Quelle formule initiale et quelle formule de politesse finale utiliseriez-vous pour écrire aux personnes suivantes?

1. votre famille d'accueil avant votre arrivée en France

   _____

   _____

2. le consul pour demander un visa

   _____

   _____

3. un(e) ami(e) qui vient d'annoncer ses fiançailles

   _____

   _____

4. l'Alliance Française pour demander des formulaires d'inscription

_____

_____

5. des amis de vos parents qui vous ont invité(e) au restaurant pendant votre voyage
   en Suisse

_____

_____

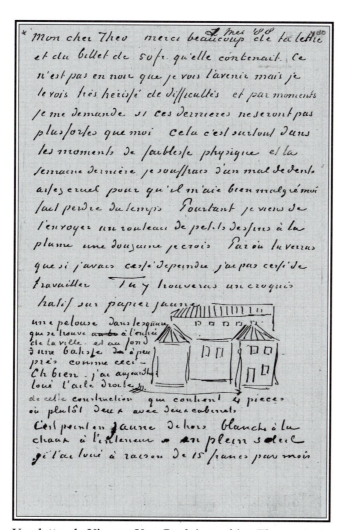

Une lettre de Vincent Van Gogh à son frère Theo.

C.**Trous.** Dans les fragments de lettres suivants, ajoutez les éléments qui manquent.

Lettre I

Sylvie BRUGEROLLE
11, rue du Coq
33390 BLAYE

le 12 mars 1995
M. Charles LACHMANN
Centre de Formation Professionnelle
125, boulevard St-Michel
75005 PARIS

———————————

Je souhaite acquérir la formation nécessaire au métier d'interprète, et j'aimerais suivre les cours du Centre de formation des interprètes. Dans quelles conditions est-il possible de s'incrire dans votre Centre?
[...]

Mary Cassatt, American, 1844–1926, *The Letter,* drypoint and aquatint printed in color, 1891, 43.7 x 29.7 cm, Martin A. Ryerson Collection, 1932.1282. Photograph © 1994, The Art Institute of Chicago, All Rights Reserved.

Lettre II

Juliette BASSAN
40, rue des Saints-Pères
57260 DIEUZE

le 19 octobre 1995
M. Michel BASTAIENS
Durand Fils & Cie
89, rue Carnot
57070 METZ

Suite à votre annonce parue dans *le Monde* du 15 septembre, _____

_____

_____

Je possède en effet l'expérience que vous souhaitez comme mon curriculum ci-joint
vous le montrera.
    Le secteur de l'alimentation m'a toujours beaucoup intéressé, et j'en connais
assez bien les problèmes, ayant travaillé chez un de vos concurrents en 1992 et
1993.

_____

_____

_____

_____

Pour s'identifier et se présenter: rédiger un CV

Un curriculum vitæ permet à l'employeur éventuel de juger avec rapidité et précision
la situation d'une personne et de prendre connaissance des étapes principales de sa
carrière. Tout en étant complet, il ne doit pas être encombré de détails sans importance
pour une bonne appréciation du candidat/de la candidate. Le CV français comporte
les parties suivantes:

État civil

- Nom et prénoms
- Date et lieu de naissance
- Nationalité
- Adresse et numéro de téléphone

Formation reçue

- Diplômes scolaires
- Diplômes universitaires
- Langues parlées, écrites, lues

Expérience

Liste des différents emplois occupés dans l'ordre chronologique, précisant les dates, le nom de l'établissement, la fonction occupée.

Connaissances particulières

Description des connaissances qui serviraient à montrer des qualifications particulièrement appropriées pour l'emploi sollicité.

Centres d'intérêt

Activités qui intéresseraient votre employeur éventuel, soit pour indiquer une affinité avec l'entreprise, soit pour attirer l'attention sur des accomplissements qui mettraient en valeur votre caractère.

Nom:	BEAULIEU, Pierre
Date de naissance:	le 6 septembre 1962
Lieu de naissance:	Toulouse
Nationalité:	française
Adresse actuelle:	23 rue des Minimes 03100 Montluçon Tél. 70 07 72 16
Formation:	1984: Licence, Université de Paris — Nanterre 1986: Maîtrise, Université de Paris — Nanterre
Expérience:	1987: Stage, Groupe BREGUET 1988: Agent immobilier, Groupe ETS
Emploi actuel:	1991– Agent immobilier, Agence Lazard
Langues pratiquées:	Anglais, courant; lu, parlé, écrit Allemand, lu
Connaissances en informatique:	— Traitement de texte, Word Perfect 5.0; Microsoft Word (Versions Mac et IBM) — Tableur, Symphony, Lotus 1,2,3 — Graphique, Harvard Graphics
Centres d'intérêt:	Ski alpin et nordique, arts martiaux ceinture noire

---

EXERCICES

 D. **Corrigez.** Corrigez le CV suivant: réorganisez-le, remplissez les lacunes, supprimez les éléments superflus et suggérez des changements pour qu'il soit plus attrayant pour un employeur potentiel.

CURRICULUM VITÆ
M. Jean-Paul DUPONT
Né le 1.1.55 (à Paris)
Divorcé — 2 enfants
Adresse: 56, rue de Chambord
67000 STRASBOURG
Tél. 88.31.33.35
Nationalité: française

FORMATION:

1973:	BAC PHILO	
1978:	Licence°	approximate equivalent of the American bachelor's degree

EXPÉRIENCE

1978–1979	Aide-Comptable chez POTIN	
1979–1980	Aide-Comptable chez ASPEC	
1980–1981	Stage de comptabilité°	accounting
1981–1988	Comptable. Mes fonctions étaient les suivantes: Tenue des écritures, petit livre, grand livre, enregistrement des factures°, bilan°. Suivi factures impayées, assistance à la comptabilité fiscale. Coordination avec les administrations.	bills / balance sheet
1989–1990	Chômage	
1991–1993	Livreur° chez Course Flash	delivery man
1993–	Vendeur fruits et légumes	
OBJECTIFS:	OCCUPER UN POSTE DE COMPTABLE	
Loisirs:	Promenade, cinéma	

 E. **Votre CV.** Faites votre CV en suivant le schéma donné.

LA STYLISTIQUE

Conseils généraux

Dans votre correspondance, vous aurez deux buts, selon l'objectif de la lettre: (1) vous rechercherez d'abord la compréhensibilité, surtout pour la correspondance commerciale; (2) pour la correspondance personnelle, vous voudrez susciter l'intérêt et faire valoir votre personnalité.

Voici quelques conseils:

- Veillez à ce que vos phrases soient courtes et claires.
- Surveillez le premier mot de chaque paragraphe. Si ce mot est «je», et qu'il est trop souvent répété, vous risquez de donner l'impression de ne parler que de vous-

même; trouvez donc une autre solution si possible, par exemple, un adverbe *(maintenant, actuellement)*, un participe présent *(étant de passage à Paris ...)*, etc.

- Vérifiez bien la grammaire et l'orthographe. L'acte d'écrire suppose la réflexion et la précision de la langue, toute faute suggère la négligence ou l'ignorance.
- Rendez vos lettres agréables, amusantes et inattendues; cela donne envie de lire et de répondre; enfin, c'est le plaisir de la correspondance.

EXERCICE

F. **Une lettre pas comme il faut.** Refaites les lettres suivantes en respectant les conseils donnés ci-dessus.

Chers Marie et Jean,
        Je ne vous ai pas vus depuis longtemps.
J'aimerais vous parler de votre voyage au Canada.
Je vous invite à manger à la maison samedi
soir. Venez vers sept heures du soir. Nous
pourrons bavarder et ensuite manger tranquillement.
Répondez-moi vite et dites-moi si ça vous
arrange! J'attends votre réponse.
                                        Pierre

_____

_____

_____

_____

_____

_____

_____

Chers Michel et Stéphanie,
    J'ai déménagé et je voulais vous écrire pour vous donner ma nouvelle adresse et pour parler de mon nouveau boulot que j'aime beaucoup. Je suis arrivée à Nantes il y a trois semaines et j'avais du mal à trouver un appartement parce qu'ils sont tous très chers, mais finalement j'en ai trouvé un qui n'est pas très loin du centre. J'ai commencé à travailler dans le cabinet du docteur Bracassé, qui est un excellent chirurgien qui a fait ses études avec mon père. Quelle coïncidence. J'aime beaucoup Nantes. Je trouve beaucoup de choses à faire. Je pense à vous! Écrivez-moi!

                             Marie-France

P.S. Voici ma nouvelle addresse:
     9, rue du Centre
     44002 Nantes

_____

_____

_____

VOCABULAIRE

Le langage administratif

On utilise un lexique spécialisé dans les lettres officielles. Étudiez la liste ci-dessous.

Votre référence (V.R.)	La référence (FR/CE n° 543) de la lettre reçue. C'est, en général, la première lettre des prénom et nom de l'auteur de la lettre, ainsi que de sa secrétaire.
Notre référence (N.R.)	La référence de la lettre que vous envoyez.
Comme suite à ...	S'emploie pour répondre à une lettre.
Courant	De ce mois.
Veuillez	Formule de politesse; signifie *s'il vous plaît*.
Ci-joint	À l'intérieur de l'enveloppe
Pièces jointes (P.J.)	Papiers autres que la lettre
Sous couvert de (s/c)	Entre l'expéditeur et le destinataire, il y a une personne qui lit la lettre et l'envoie
À l'attention de ...	Destinée à ...
Accuser réception de ...	Avoir reçu
Vous informer	Vous faire savoir (d'un supérieur à un inférieur)
Rendre compte	Faire savoir (d'un inférieur à un supérieur)
Agréer	Accepter
Être reconnaissant	Remercier
Être obligé	Remercier

G. **En contexte.**   Analysez l'emploi des expressions en italique. Ensuite, trouvez un synonyme ou une paraphrase pour en dégager le sens.

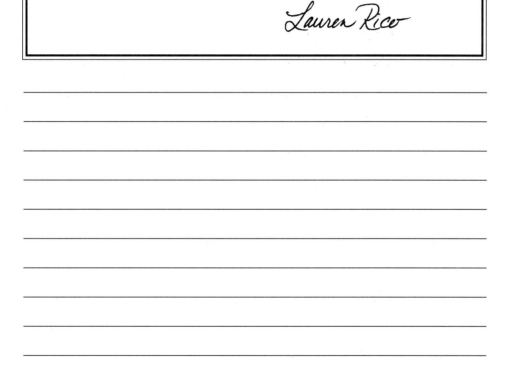

V.R.: 389/RF/LT
Objet: stage à l'Institut du Pétrole
Monsieur le Directeur:

Je vous suis très reconnaissant des renseignements que vous m'avez donnés dans votre lettre du 15 juin 1995.

Je vais écrire pour faire une demande à l'Ambassade de France pour suivre un stage de six mois dans votre Institut.

Je vous remercie beaucoup de votre aide et vous prie *d'agréer,* Monsieur le Directeur, l'expression de toute ma gratitude.

Lauren Rico

_____

_____

_____

_____

_____

_____

_____

_____

_____

_____

Monsieur le Directeur,

Par votre lettre *4589/RB/DE* du 17 mars, vous *me faites savoir* que j'ai obtenu une bourse pour continuer mes études d'ingénieur en France.

Je vous serais très obligé de *me faire parvenir* tous les formulaires nécessaires pour m'inscrire à l'Institut du Génie Civil à Paris. Pourriez-vous également m'*indiquer* la date à laquelle je dois être à Paris car je dois, dès maintenant, organiser mon emploi du temps. Vous trouverez *ci-joint* quatre coupons-réponse internationaux.

Je vous remercie de votre *amabilité* et je vous prie de croire à l'expression de mes sentiments distingués.

Lise Nathan

P.J.

H. **Remplacez.** Remplacez les expressions en italique par une expression tirée du lexique administratif ci-dessus.

Brumath, le 30 juin 19 ...

Monsieur,

Comme suite à notre entretien du 27 *de ce mois* je vous confirme les termes de ma commande.

S'il vous plaît, envoyez-moi contre remboursement à l'adresse de mon magasin: 18, rue des Deux-Pigeons, 77 Brumath: 7 ensembles prêts à porter, taille 34, réf. 1298 du catalogue.

Merci d'avance, et je vous prie d'accepter, Monsieur, mes meilleures salutations.

_____

_____

_____

_____

_____

_____

_____

_____

Paris, le 7 juillet 19 ...

Monsieur,

    Nous avons reçu votre commande du 30 juin *de cet an.* Nous nous empressons de vous *dire merci* de votre ordre et avons le plaisir de *vous dire* que la livraison sera effectuée dans les meilleurs délais.
    Croyez, Monsieur, à l'assurance de mes sentiments distingués.

_____

_____

_____

_____

_____

_____

_____

I. **Mettez en ordre.** Voici des fragments d'une lettre. Mettez-les en ordre.

1. Mes employeurs précédents m'ont toujours trouvée ponctuelle et ordonnée.

2. Je me tiens prête à répondre à toute convocation de votre part.

3. Vous trouverez dans le curriculum vitæ ci-joint tous les détails qui peuvent vous intéresser.

4. Veuillez agréer, Monsieur, avec mes remerciements anticipés, mes respectueuses salutations.

5. En réponse à votre annonce parue dans *France-Soir* du 12 mars 1995 ...

6. Je possède un C.A.P.[1] de sténodactylographie, et j'ai déjà été employée à des travaux de secrétariat dans deux maisons de commerce.

7. ... j'ai l'honneur de poser ma candidature à l'emploi proposé de secrétaire.

8. Je crois pouvoir vous assurer que vous ne serez pas déçu de mes services.

_____

_____

_____

_____

_____

_____

_____

_____

_____

_____

J. **Une lettre inacceptable!** Refaites la lettre suivante de façon plus correcte.

Cher Monsieur,

J'ai vu une annonce dans le journal qui m'intéresse beaucoup. C'est pour un emploi de vendeur dans votre magasin. J'ai beaucoup d'expérience dans les ventes parce que j'ai travaillé à mi-temps pendant l'été comme vendeur et je suis vendeur actuellement et je crois que l'emploi de vendeur me convient tout à fait.

Regardez bien mon CV et vous trouverez que je suis très qualifié.

J'espère que j'aurai une réponse bientôt.

Sincèrement,

Jean-Paul Dupont

_____

_____

_____

_____

---

1. Certificat d'aptitude professionnelle, accordé à la fin d'un stage ou d'un apprentissage.

_____

_____

_____

_____

 K. **Rédigez.** Rédigez une lettre au Consulat Français dans laquelle vous demandez des renseignements concernant des stages linguistiques organisés par le gouvernement français pendant l'été.

MISE EN PRATIQUE

1. Imaginez que vous avez passé une année scolaire dans une famille en Belgique et que vous lui écrivez une lettre de vœux pour la nouvelle année. Faites une liste de tout ce que vous voulez mentionner dans cette lettre (remerciements, souvenirs, etc.).

_____

_____

_____

2. Quelles questions spécifiques voulez-vous lui poser?

_____

_____

_____

3. Qu'est-ce que vous voulez lui faire savoir sur vous et sur vos activités depuis votre retour aux États-Unis?

_____

_____

_____

4. Quelles formules de politesse voulez-vous employer?

_____

_____

_____

ÉCRIVEZ

Suivez les conseils proposés ci-dessous ainsi que les indications données par votre professeur pour bien rédiger votre lettre.

1. **Premier jet.**   Écrivez une première ébauche de votre lettre en incluant les éléments esquissés dans la partie *Mise en pratique.*

2. **Retouches.**   Maintenant, relisez attentivement votre lettre. Pensez à intéresser et à amuser votre correspondant. Vérifiez votre grammaire, en faisant surtout attention aux temps des verbes employés dans la narration. Et bien sûr, n'oubliez pas d'accorder sujet-verbe, nom-adjectif, article-substantif.

3. **Dictionnaire personnel.**   De quels nouveaux mots vous êtes-vous servi pour écrire votre lettre? Ajoutez-les à votre dictionnaire personnel.

4. **Révision en groupes.**   Commentez et corrigez la lettre d'un(e) autre/d'autres selon le système proposé par votre professeur.

5. **Version finale.**   En considérant les commentaires suggérés par les étudiants et/ou le professeur, rédigez la version finale.

ÉCRITURE LIBRE

Choisissez un sujet parmi les suivants et écrivez vos réflexions dans votre journal, selon les indications de votre professeur.

1. Choisissez une des cartes postales reproduites ci-dessous. Imaginez que vous passez des vacances à cet endroit. Écrivez une lettre inspirée par la carte postale à un(e) ami(e).

Photo Perrochet SA Lausanne Suisse

2. Répondez à la lettre de Muriel (p. 156).

3. Écrivez une lettre sur un autre sujet de votre choix.

LES TEMPS LITTÉRAIRES

French has four tenses that are used primarily in literary texts. The *passé simple* and the *passé antérieur* are indicative tenses used in narrative contexts. The *imparfait du subjonctif* and the *plus-que-parfait du subjonctif* are subjunctive tenses used primarily in dependent clauses. Although you will be rarely called upon to produce these tenses, you must be able to recognize their forms and understand their use and meaning.

The *passé simple* and the *passé antérieur*

The *passé simple* is normally used in literary contexts in the same way that the *passé composé* is used in conversation. The *passé antérieur* is used in conjunction with the *passé simple* and replaces the *plus-que-parfait* after time expressions such as *dès que, aussitôt que, quand,* and *lorsque.* Note that the use of the imperfect is the same in both literary and conversational contexts.

Formation

The *passé simple* of regular verbs is formed by dropping the infinitive endings *-er, -ir,* and *-re* and adding the endings highlighted below:

arriver		finir		répondre	
j' arriv**ai**	nous arriv**âmes**	je fin**is**	nous fin**îmes**	je répond**is**	nous répond**îmes**
tu arriv**as**	vous arriv**âtes**	tu fin**is**	vous fin**îtes**	tu répond**is**	vous répond**îtes**
il/elle/on arriv**a**	ils/elles arriv**èrent**	il/elle/on fin**it**	ils/elles fin**irent**	il/elle/on répond**it**	ils/elles répond**irent**

The *passé simple* of most irregular verbs is formed *by using the past participle as the stem* and adding the endings *-s, -s, -t, -^mes, -^tes,* and *-rent:*

avoir *(pp: eu)*	
j' eus	nous eûmes
tu eus	vous eûtes
il/elle/on eut	ils/elles eurent

Other verbs whose *passé simple* is formed *using the past participle as a stem* are listed below. Only the third person is given, since this is the form found most frequently in narrative passages.

infinitif	*il/elle/on ...*	*ils/elles ...*
boire (bu)	**but**	**burent**
croire (cru)	**crut**	**crurent**
pouvoir (pu)	**put**	**purent**
rire (ri)	**rit**	**rirent**
savoir (su)	**sut**	**surent**
se taire (tu)	**se tut**	**se turent**
vivre (vécu)	**vécut**	**vécurent**
vouloir (voulu)	**voulut**	**voulurent**

The *passé simple* of some verbs is formed by dropping the final consonant from the past participle and adding the endings given above:

mettre *(pp: mis)*	
je mis	nous mîmes
tu mis	vous mîtes
il/elle/on mit	ils/elles mirent

Other verbs in this category are *conduire, dire, écrire, prendre, s'asseoir.*

The stems of *être, faire, naître, mourir, tenir, venir, voir* are entirely irregular:

infinitif	*il/elle/on ...*	*ils/elles ...*
être	**fut**	**furent**
faire	**fit**	**firent**
mourir	**mourut**	**moururent**
naître	**naquit**	**naquirent**
tenir	**tint**	**tinrent**
venir	**vint**	**vinrent**
voir	**vit**	**virent**

The *passé antérieur* is formed by putting the appropriate auxiliary in the *passé simple* and adding the past participle:

> Dès qu'il *eut franchi* le mur de la prison, il se sentit libre.
> Aussitôt qu'elle *fut partie*, nous dînâmes.

The *l'imparfait* and the *plus-que-parfait du subjonctif*

The imperfect and pluperfect subjunctive are used in a literary context in subordinate clauses in addition to the present and past subjunctive.

Formation

To form the *imparfait du subjonctif,* drop the infinitive endings -*er*, -*ir*, and -*re* and add the endings highlighted below:

arriver		finir	
que j' arriv**asse**	que nous arriv**assions**	que je fin**isse**	que nous fin**issions**
que tu arriv**asses**	que vous arriv**assiez**	que tu fin**isses**	que vous fin**issiez**
qu'il/elle/on arriv**ât**	qu'ils/elles arriv**assent**	qu'il/elle/on fin**ît**	qu'ils/elles fin**issent**

répondre	
que je répond**isse**	que nous répond**issions**
que tu répond**isses**	que vous répond**issiez**
qu'il/elle/on répond**ît**	qu'ils/elles répond**issent**

Irregular verbs use the same stem as that of their *passé simple*. Note that the third person singular always has a circumflex over the final vowel:

passé simple	*imparfait du subjonctif*
il/elle/on crut	il/elle/on crût
il/elle/on eut	il/elle/on eût

The *plus-que-parfait du subjonctif* is formed by putting the appropriate auxiliary verb (*avoir, être*) in the imperfect subjunctive and adding the past particple: *qu'il/elle/on eût fini; qu'il/elle/on fût arrivé(e)*.

Use

In literary usage, the imperfect subjunctive replaces the *présent du subjonctif* in a subordinate clause where the main verb is in the past tense or the conditional. It expresses action that occurs at the same time or after the action occurring in the main clause.

The pluperfect subjunctive replaces the *passé du subjonctif* in a subordinate clause where the main verb is in the past tense or the conditional. It expresses an action that precedes the action in the main clause.

Compare conversational usage and literary usage in the charts below:

Conversational usage		
Verb in the main clause is in the . . .	**Put the verb in the subordinate clause in the . . .**	**To express . . .**
present or future	present subjunctive	an action that occurs at the same time or after the verb in the main clause.
	past subjunctive	an action that occurs before the verb in the main clause.
past or conditional	present subjunctive	an action that occurs at the same time or after the verb in the main clause.
	past subjunctive	an action that occurs before the verb in the main clause.

Je suis content qu'il parte.	*I am happy that he is leaving/will leave.*
Je suis content qu'il soit parti.	*I am happy that he left.*
J'étais content qu'il parte.	*I was happy that he was leaving/would leave.*
J'étais content qu'il soit parti.	*I was happy that he had left.*

Literary usage		
Verb in the main clause is in the . . .	**Put the verb in the subordinate clause in the . . .**	**To express . . .**
present or future	present subjunctive	an action that occurs at the same time or after the verb in the main clause.
	past subjunctive	an action that occurs before the verb in the main clause.
past or conditional	imperfect subjunctive	an action that occurs at the same time or after the verb in the main clause.
	pluperfect subjunctive	an action that occurs before the verb in the main clause.

Je suis content qu'il parte.	*I am happy that he is leaving/will leave.*
Je suis content qu'il soit parti.	*I am happy that he left.*
J'étais content qu'il **partît**.	*I was happy that he was leaving/would leave.*
J'étais content qu'il **fût parti**.	*I was happy that he had left.*

Note too that in literary style, the imperfect and pluperfect subjunctive tenses may replace the imperfect, the conditional, the pluperfect, and the conditional perfect in hypothetical constructions with *si*. This is especially frequent in the third person singular. Once again, compare conversational and literary usage:

Conversational	*Literary*
Ah! si seulement il *était parti* avant son arrivée!	Ah! si seulement il *fût parti* avant son arrivée!
S'il *était parti* avant son arrivée, elle *aurait été* contente.	S'il *fût parti* avant son arrivée, elle *eût été* contente.

EXERCICE

Les temps littéraires. Dans les deux passages suivants, tirés des lectures du manuel, donnez l'équivalent non littéraire des verbes en italique.

> Que Nestor *se dispensât* du signe en V convenu, c'est ce qui *m'échappa* au début parce qu'il occupait une place au fond de la classe. Mais je *fus* d'emblée saisi de respect par la nonchalance avec laquelle il *s'approcha* de la caisse et par la scène qui *suivit*. Avec une attention maniaque, il *entreprit* d'examiner les divers échantillons de papier qui s'offraient en surface, puis apparemment peu satisfait de ce choix, il *fourragea* bruyamment dans la caisse pour mettre au jour des boules ou des déchirures plus anciennes ...
>
> —*extrait du Roi des aulnes (Tournier)*

> Ils *tournèrent* à gauche, prirent le sentier couleur de suie. Au loin, sur le terrain vague piqueté de palmiers aucun enfant ne jouait.
> Le chemin se rétrécissait. On pouvait presque toucher des épaules les habitations qui se faisaient face. Un garçonnet au ventre ballonné, courant dans le sens opposé, *se prit* un instant entre les jupes de la vieille. Se dégageant, il la *repoussa* de ses petites mains poisseuses, *s'enfuit* à toutes jambes.
> «Où sont tous les gens d'ici?»
> Sans répondre, Saleh *bifurqua* à gauche.
> Om Hassan reconnut la pierre plate qui sert de banc aux vieillards. «Si nous étions restés, c'est ici que Saïd serait venu s'asseoir.» Elle l'imagina, au crépuscule, assis au milieu des autres; laissant couler entre le pouce et l'index les grains de son chapelet.
>
> —*extrait du Sixième jour (Chedid)*

LEXIQUE FRANÇAIS-ANGLAIS

This *Lexique* does not contain exact or close cognates, nor does it contain words normally mastered by students in the first two years of French study. Definitions are limited to the contexts in which words are used in this book. Expressions are listed under their key word. In subentries, the symbol ~ is used to indicate the repetition of a key word.

abasourdi(e) stunned, dumb-founded
abject(e) abject, downtrodden
abolir to abolish
s'abonner to subscribe
aborder to approach; to broach
abriter to shelter
absolu(e) absolute
acacia *m.* acacia (tree)
accessoire *m.* accessory
s'accorder to agree
accueil *m.* greeting, reception
accueillir to welcome
actualité *f.* news
actuel(le) current
affronter to confront
agacer to get on someone's nerves
agir to act
  il s'agit de it's a question of
aide-comptable *m.* accountant's assistant
aigu(ë) sharp
ailleurs *m.* elsewhere
aimable likable
ainsi thus
aisé(e) comfortable, well-off
alimentaire relating to food
allonger to lengthen
amande *f.* almond
âme *f.* soul
amener to bring
amical(e) friendly, warm
amitié *f.* friendship
angoisse *f.* anxiety
anguleux(-euse) angular, stiff
antipathique unpleasant
antre *m.* cave, den
s'apaiser to calm down
apporter to bring
âpre rough
appuyer sur to lean on; to stress, emphasize
aquilin(e) aquiline, having a "Roman nose"
argenté(e) silvery
aspirer to aspire
assigner to designate
assister à to attend, take part in

assurance *f.* insurance
atelier *m.* workshop
atout *m.* asset
attardé(e) retarded
atteindre to attain, reach
attendrir to make tender; to touch
attente *f.* expectation
atténué(e) weakened
atterrir to land
attirer to draw, to attract
attrayant(e) attractive
auditeur(-trice) *m./f.* listener
aulne *m.* alder (tree)
autant (de) as many (as)
autour around
autrement otherwise
autrui *pron.* others
avertissement *f.* warning, caution
aveu *m.* vow, confession
aveugle blind
avis *m.* opinion
s'avouer to admit, confess

baccalauréat (bac) *m.* *high school–leaving exam*
badigeonner to whitewash, paint, make up
bagarre *f.* struggle, strife
bagnole *f.* car (*fam.*)
bajoue *f.* cheek (*fam.*)
balancer to balance, weigh
balbutier to stutter
balcon *m.* balcony
ballonner to distend, swell, balloon out
banal(e) (*m. pl.* **-als**) commonplace
barque *f.* small boat
bas(se) low
basculer to push, tip
bâtisse *f.* building
batteur(-euse) drummer
bavard(e) chatty, talkative
bidon *m.* tin, (tin) can
bidon *adj. inv.* phony, fake
bien *adj. inv.* good, fine
bienveillant(e) benevolent, well-meaning

bifurquer to bifurcate
blesser to wound
bloquer to block, obstruct
bœuf *m.* beef, ox
bord *m.* river bank; edge
boucher to block up
bouclé(e) curly
bouger to move
boule *f.* ball
  ~s *f. pl.* *bocce* ball (*game popular in the south of France*)
bouleau *m.* birch tree
bousiller to smash (a car)
bout *m.* end
bramer to wail (*fig. sound made by a stag*)
braquer to aim
brave brave; good, reliable
brevet *m.* diploma, certificate
briller to shine
brosse: en ~ crewcut
brosser to brush; to sketch (a portrait)
brouillard *m.* fog
brûler to burn
brusque abrupt, sudden
brut(e) raw, rough, unrefined
bruyamment noisily
bruyère *f.* heath, heather
bufflesse *f.* (female) buffalo
but *m.* goal

cadre *m.* frame; executive
Caire *m.* Cairo
caisse *f.* cash register; box
calciné(e) charred
calibre *m.* caliber
calleux(-euse) calloused
caméra *m.* movie camera
camp *m.* camp; faction
candidature *f.* candidacy
  poser sa ~ à to apply for, run for
cap *m.* cape; point
carrefour *m.* intersection; crossroads
carrière *f.* career
cas *m.* case
cascade *f.* falls

casser to break

causer to cause; to chat

cave *f.* basement

cependant however

cerf *m.* stag

cerisier *m.* cherry tree

cerner to define, delimit; to encircle

certes certainly

chair *f.* flesh

chaire *f.* (academic) chair

chaleureux(-euse) warm

champêtre rural, in the countryside

chandelle *f.* candle

   il vous doit une fière ~ he owes you more than he can repay (you saved his life)

chapelet *m.* rosary beads

charbon *m.* coal

charger to load; to burden

châtain(e) chestnut, brown

chauvin(e) chauvinist

cher (chère) dear; expensive

chéri(e) dear, cherished

chômage *m.* unemployment

choriste *m./f.* member of the chorus

chute *f.* fall(s)

cinéaste *m./f.* film producer

circuler to circulate; to run

citation *f.* quotation

civil(e) civil

   état ~ legal (marital) status

clair(e) clear, light

clarté *f.* clarity

clavier *m.* keyboard

clin d'œil *m.* wink, hint

cloche *f.* bell

clore to conclude, close

cocasserie *f.* funniness

coincer to wedge, jam; to corner

collège *m.* *equivalent of junior high school*

colline *f.* hill

colonne *f.* column

commande *f.* order

commun(e) common

compagne *m./f.* companion; boy-/girlfriend

comparaître to appear

complainte *f.* lament

componction *f.* compunction, gravity

compte *m.* account

conclure to conclude

condisciple *m./f.* fellow student; classmate

conférer to confer

connaissance *f.* knowledge, acquaintance

se consacrer (à) to devote oneself (to)

constater to note; to observe; to state

conteur(-euse) *m./f.* storyteller

contraire *m.* opposite

convaincre to convince

convenir to suit; to be suitable, appropriate

Coran *m.* Koran

corbeille *f.* wastepaper basket

cotonnade *f.* cotton fabric, cotton goods

couler to flow, to run

courant *m.* current

courant(e) current; of this month

couronne *f.* crown

couvert *m.* place setting

crépuscule *m.* dawn

crevassé(e) cracked

cri *m.* cry

critère *m.* criterion

croiser to cross, pass by

crouler to collapse, tumble down

croupe *f.* rear-end, rump

croyant(e) *m./f.* believer

cru(e) raw, unbaked

cueillir to gather

cursus *m.* curriculum

d'abord first of all

d'ailleurs moreover

davantage more

débat *m.* debate

déborder to overflow

déboucher to emerge, open on to

se débrouiller to work things out

déceler to discover, detect

décerner to award (a prize)

décevoir to disappoint

déchaîner to unleash

déchirer to tear

déchirure *f.* tear, rip

déclencher to unleash, set off, launch

décliner to decline, abate, fall off, decay

déçu(e) disappointed

dédoubler to cut into two

défaut *m.* fault

dégager to disengage; to emit; to release

   se ~ to become clear; to be distinguished

dégoûter to disgust

dehors outside

démarche *f.* step, walk

d'emblée first of all

demeure: à ~ fixed, permanent(ly)

demeuré(e) *m./f.* a retarded person

demeurer to remain, stay; to live

dénoncer to denounce

dénouement *m.* ending, outcome

dénué(e) devoid

dépeindre to depict

dérision *f.* derision, mockery

se dérouler to happen, take place

dès starting, beginning

   ~ lors que since, so long as

dessous below

dessus above

destinataire *m./f.* receiver, addressee

détenteur(-trice) *m./f.* possessor, holder

deviner to guess

diapositive *f.* slide (film)

difficile: faire le (la) ~ to be overly fussy

dingue crazy (*fam.*)

diriger to direct

discours *m.* speech

dispositif *m.* apparatus, device

dissimuler to hide, deceive

distraire to distract

doué(e) talented

douteux(-euse) doubtful

doux (douce) sweet, soft

dramaturge *m.* dramatist, playwright

drame *m.* drama

dresser to draw up, make out

   se ~ to stand up (out); to rise up

droit *m.* right

drôlatique funny, comical

drôlement really, very

drôlerie *f.* funny thing

ébahi(e) dumbfounded, astounded

éblouir to dazzle

écart *m.* gap, distance

écarter to move apart, separate
échantillon *m.* sample
échauffourée *f.* fight, brawl
échouer to fail
éclaircir to clear up, enlighten
éclater to break out
écorché(e) flayed, skinned
s'écouler to flow out
écran *m.* screen
écueil *m.* stumbling block (*fig.*)
éduquer to raise, bring up
effectuer to carry out, perform; to cause
effet *m.* effect
efficace efficient
s'effiler to taper off
effleurer to graze, touch lightly
effrayer to frighten
s'effrondrer to crumble; to cave in
égal(e) equal
s'égayer to make merry
égratignure *f.* scratch
s'éloigner to move away
embellir to embellish, beautify
embraser to set aflame, ablaze
embrasser to kiss
    je t'embrasse love, . . . (*close of a letter*)
émeute *f.* riot, rebellion
emflammer to enflame
s'émietter to break into pieces
emporter to take out; to take away
emprunter to borrow
encombrer to encumber
encontre: à l'~ contrary to
énervé(e) irritated, nervous
enfanter to give birth to
enfoncer to drive in
s'enfuir to flee
enneigé(e) covered with snow
enregistrer to record
entasser to stack up
enterrer to bury
en-tête *m.* heading
entourer to surround
entraîner to train; to bring along; to lead to
entreprendre to undertake, to try
entretien *m.* interview, conversation
entrevoir to foresee, anticipate
envers toward
envisager to envisage; to face

épais(se) thick
épanouir to blossom, flourish
épanouissement *m.* flowering, development
épaule *f.* shoulder
épave *m.* derelict, wreck
épervier *m.* sparrow hawk
époque *f.* (period of) time
époustouflant(e) astounding, flabbergasting
épouvante *f.* horror
épreuve *f.* test, trial
éprouver to feel
épuisé(e) exhausted
espèce *f.* type
    ~ d'imbécile! you idiot!
espérance *f.* hope
espiègle mischievous
espion(ne) *m./f.* spy
esprit *m.* mind, spirit
essuyer to dry, wipe; to endure
estimer to value, esteem
étonner to astonish
étroit(e) narrow
éveil *m.* awakening, alert
éveiller to awaken
éviter to avoid
exquis(e) exquisite
externe *m./f.* day pupil (*student living at home or off campus*)
extraverti(e) extroverted

fable *f.* fable
fabriquer to manufacture
face: faire ~ à to face
fâché(e) angry
facultatif(-ive) optional
faible weak
faute de for lack of
fécond(e) fertile
féerique fairylike, magical
ferme firm
feuillage *m.* foliage
feuilleton *m.* serial; soap opera
se fier à to trust
se figer to freeze, stiffen
fin(e) fine, finest, sharp, slim, exquisite
flanc *m.* flank, slope
fleurir to flower, bloom
foi *f.* faith
    de mauvaise ~ insincere, dishonest, unfair
fois *f.* time
foncé(e) dark

fond *m.* depth; background; bottom
    au ~ in the back, bottom
force *f.* strength
    ~ est de ... one has no choice but to . . .
fossé *m.* ditch; gap
fou (fol, folle) crazy
fouiller to dig; to search
foulée: dans la ~ on the heels of
fouler to trample
fourrager to forage
frais *m. pl.* expenses
frais (fraîche) fresh
franchir to cross, overcome
frein *m.* brake
frémir to tremble
frisé(e) curly
frissonner to shiver
front *m.* forehead
funeste unfortunate; sad
fur: au ~ et à mesure as one goes along
fusionner to fuse

galette flat cake, pancake; hard thing; mattress
garagiste mechanic
garçonnet *m.* small boy
garde *m./f.* guard, constable
gênant(e) irritating
gêné(e) awkward, embarrassed
se gêner to put oneself out
génial(e) brilliant
génie *m.* genius
genre *m.* gender; type
gens *m. pl.* people
gentillesse *f.* kindness
gérer to manage
geste *m.* gesture
gestion *f.* management
glacier *m.* glacier; ice cream shop
glaner to glean, gather
glisser to slip, slide
gond *m.* hinge
goutte *f.* drop
gouvernante *f.* governess
grâce *f.* grace
    ~ à thanks to
grain *m.* seed
grange *f.* barn
grave grave, solemn; low-pitched
grec(que) Greek
grêle slender, thin
grincer to rasp

grisant(e)   intoxicating
grisonnant(e)   graying
gronder   to growl, rumble
grotte *f.*   grotto, cave
guet: au ~   (ears) open
guise *f.*   guise, manner
  à sa ~   as one pleases

habile   skillful, clever
haine *f.*   hate
hameau *m.*   hamlet
harcèlement *m.*   harassment
harceler   to harass
hasard *m.*   luck, chance
haut(e)   high
  en ~ de   at the top of
hebdomadaire *m.*   weekly (news) magazine
hibou *m.*   owl
hors de   outside of
houe *f.*   hoe
hurler   to scream, shout

ignorer   to ignore; to be ignorant of, not to know
immobilier(-ère)   housing
  agent ~   real-estate agent
importer   to be important, of consequence
imprévu(e)   unexpected
inattendu(e)   unexpected
inconscient(e)   unaware
incontestable   unquestionable
inculquer   to inculcate, teach
inculte   uncultivated
indemne   unharmed
index *m.*   index finger
indice *f.*   clue; indication
inexpérimenté(e)   inexperienced
inflexion *f.*   inflection; tone
informaticien(ne) *m./f.*   computer scientist
informatisé(e)   computerized
ingénument   ingenuously
inhumation *f.*   burial
inquiet(-ète)   worried
insensé(e)   crazy; senseless
insolite   unusual, strange
intemporel(le)   timeless
interdit(e)   forbidden
interlocuteur(-trice) *m./f.*   speaker
interne *m./f.*   boarder (*student who lives at school*)
intrigue *f.*   plot
introduire   to introduce; to insert

inversement   in a contrary fashion; inversely

jaillir   to spurt
juif(-ive) *m./f.*   Jewish
justement   justly; in fact, simply

klaxon *m.*   (car) horn

lâcheté *f.*   cowardice
laid(e)   ugly
langueur *f.*   languidness
large   wide
laxisme *f.*   permissiveness
lécher   to lick
lecteur(-trice) *m./f.*   reader
lecture *f.*   reading
lenteur *f.*   slowness
Levant *m.*   the Middle East
lever du soleil *m.*   sunrise
lèvre *f.*   lip
libano-   Lebanese
lier   to tie
  se ~   to become established
lieu *m.*   place
lime *f.*   file
lisière *f.*   edge
lisse   smooth
loi *f.*   law
lointain(e)   far away
lors   at the time of
lorsque   when
ludique   playful

magistral(e)   master
  cours ~   lecture course
maillet *m.*   mallet
malgache   of/from Madagascar
malin (maligne)   clever, astute, cunning
mallette *f.*   small suitcase, briefcase
malveillant(e)   malevolent, malicious; ill-willed
manifestation *f.*   demonstration
manque *m.*   lack
manquer   to miss
  ~ à   to be missing from
  ~ de   to lack
marée *f.*   tide
marronnier *m.*   chestnut tree
masure *f.*   hut, hovel
mêler   to mix
même   same; very; even
mémoire *m.*   thesis

mémoire *f.*   memory
mener   to lead
menu(e)   small; tiny
menuisier *m.*   woodworker, carpenter
mépriser   to scorn, disdain
messianisme   Messianism, belief in the Messiah
métier *m.*   trade
metteur en scène *m.*   producer
mettre   to put, place
  ~ en relief   to bring out, enhance, accentuate
  ~ en scène   to produce
  ~ en valeur   to highlight, emphasize; to exploit
miette *f.*   crumb, small bit
milieu *m.*   middle; surroundings
mine *f.*   face, expression
mise en scène *f.*   production
moche   ugly, unpleasant
mollement   gently, weakly
montagneux(-euse)   mountainous
moqueur(-euse)   mocking
mosquée *f.*   mosque
mouillé(e)   wet, dampened
moule *m.*   mould
  ~ de gâteau   cake tin
moyen *m.*   way; means
mûgir   to moo, bellow
mur *m.*   wall
mûrissement *m.*   maturing
musulman(e)   Muslim
myope   nearsighted

nain *m.*   dwarf
nain(e)   dwarflike
navet *m.*   turnip; piece of garbage, turkey
navette *f.*   shuttle
néanmoins   nevertheless
névrosé(e)   neurotic
nicet(te)   simple
nier   to deny
nixe   frolicsome water sprite (*German mythology*)
nourriture *f.*   food
novateur(-trice)   innovative
nuire   to harm

obscurcir   to obscure, darken, overshadow
occasionner   to cause
s'occuper de   to take care of, busy oneself with

œuvre *f.* work (of art)
offrande *f.* offering
oie *f.* goose
oisif(-ive) lazy, leisurely
ombre *f.* shadow
ondulé(e) wavy
ongle *m.* fingernail
opaline *f.* (made of) opal
ordonner to put in order, order
oser to dare
osseux(-euse) bony
ouragan *m.* hurricane
ours *m.* bear
outrance *f.* excess, excessiveness
outre beyond; other than

paille *f.* straw
paisible peaceful
pâleur *f.* paleness
palmier *m.* palm tree
pan *m.* piece (of cloth)
pareil(le) similar
parer to adorn, ornament
part *f.* share, portion
particulier(-ère) particular;
    private, special
parvenir to reach, achieve
pastiche *m.* imitation
pédant(e) pedantic
peine *f.* pain, difficulty
    à ~ scarcely
peiné(e) saddened, distressed,
    hurt, upset
pellicule *f.* film
pendre to hang
perçant(e) piercing
perché(e) perched
perroquet *m.* parrot
peuplier *m.* poplar tree
phallocrate *m.* male chauvinist
phare *f.* headlight
pierre *f.* stone
pigeonnier *m.* pigeon house
pin *m.* pine tree
piqueter to stake out, mark out
piste *f.* trail; clue
plaider to plead
se plaindre de to complain of
plaire to please
    se ~ à to take pleasure in
plan *m.* plan, outline
planer to hover
plat(e) flat
plein(e) full
    en ~ hiver deep in winter

plongeon *m.* plunge, dive
ployer to bend
plume *f.* pen, feather
pluridisciplinaire relating to
    multiple disciplines
poignée *f.* fistful
pointu(e) pointed
poisseux(-euse) sticky
poix *f.* tar
polémique polemical, argumen-
    tative
policier *m.* police officer
    film ~ detective film
portière *f.* (car) door
poser to place
pouce *m.* thumb
poursuivre to pursue, continue,
    follow up
pourtant however
pousser to push
pré *m.* field
prêcher to preach
préconiser to advocate, recom-
    mend
préjugé *m.* prejudice
preuve *f.* proof
    faire ~ de to show evidence of
prévoir to foresee
prier to pray
    je vous en prie please; I ask
        that you . . .
primo first of all *(Latin)*
primordial(e) fundamental
pris(e) de overcome by
privé(e) private
    ~ de deprived of
processus *m.* process
profanation *f.* desecration
proférer to utter
profondeur *f.* depth
projeter to plan; to project
propos *m.* affair, matter
    des ~ *m. pl.* remarks, ram-
        blings
propre own; clean
psyché *m.* pysche
puérilité *f.* childishness
puisque since, because
puissant(e) powerful
publicité *f.* advertising, adver-
    tisement

quant à as for
quart *m.* quarter
quatuor *m.* quartet

quelconque ordinary, undistin-
    guished
quiconque whoever
quiproquo *m.* mix-up
quotidien(ne) daily

racine *f.* root
raconter to tell
raisonner to reason
ralentir to slow down
ramener to bring back
rappeler to recall, call back
rapport *m.* report; relationship
rattrapage *m.* catching up, reme-
    dial course
rauque harsh, hoarse
se ravaler to lower oneself
ravissant(e) ravishing, gorgeous
rayonner to shine
réalisateur *m.* director
réalisation *f.* fulfillment
réaliser to achieve
rebondissement *m.* bounce,
    rebounding, coming to life
recalé(e) failed
recette *f.* recipe
réclame *f.* ad, publicity spot
réconforté(e) refortified
reconnaissant(e) grateful
reconstituer to reconstitute
reçu(e): être ~ à to pass (a course)
recul *m.* backward movement,
    retreat
redondance *f.* redundancy
redoubler to redouble; to
    increase; to repeat a course
redoutable fearsome, formidable
réfectoire *m.* refectory, cafeteria
réfléchir to reflect
reflet *m.* reflection
réflexion *f.* thought, reflection
régler to solve; to regulate; to
    pay for
relier to tie, connect
remercier to thank
se remettre to begin again
rentable producing income
renverser to tip over; to reverse
repousser to push away; to repel
reprendre to take up again
répression *f.* repression
reprise *f.* retake, restart
    à de nombreuses ~s on a num-
        ber of occasions; many times
reprocher to reproach

résoudre to resolve
ressentir to feel
ressortir to bring out; to result, follow
rétrécicir to shrink
réussite *f.* success
révéler to reveal
rêver to dream
rhénan(e) of the Rhine
ridé(e) wrinkled
rieur(-euse) laughing
rive *f.* river bank
romancier(-ère) *m./f.* novelist
roseraie *f.* rose garden
roue *f.* wheel
rouler to drive; to roll
rouillé(e) rusted
rouquin(e) *m./f.* redhead
roux (rousse) red-haired
rugir to roar
rugueux(-euse) rough
rusé(e) sly, cunning
rythme *m.* rhythm
rythmer to submit to a rhythm

sable *m.* sand
sage wise, good
sagesse *f.* wisdom
saillant(e) jutting out
saint(e) sacred, holy
saisir to seize, perceive
sale dirty, nasty
salopard *m.* jerk (*pejorative*)
sanctuaire *m.* sanctuary
sapin *m.* fir tree
savoir *m.* knowledge
scander to scan; to emphasize
schéma *m.* scheme, plan, outline
sclérosé(e) ossified, hardened
scripteur *m.* writer
secouer to shake
secundo second of all (*Latin*)
séduire to seduce
semblable similar
sensible sensitive
sentier *m.* trail, path
sentimental(e) sentimental
   vie ~e love life
serpenter to snake
servir to serve
   ~ de to function as
   en quoi sert-il? what good is it?
sidéré(e) staggered, shattered
siffler to whistle
singe *m.* monkey

sis(e) seated; lying
sitôt soon
soigné(e) careful, cared for
sol *m.* earth, ground
sommet *m.* summit
sot(te) foolish
souci *m.* concern
se soucier (de) to care about, concern oneself (with)
soudain(e) sudden; suddenly
souffler to blow
souffre-douleur *m./f.* scapegoat
souffrir to suffer
soulagement *m.* relief, comfort
souligner to underline; to emphasize
sourciller to frown, knit one's brows
sourd(e) deaf
soutenir to sustain; to defend
se souvenir de to remember
   qu'il m'en souvienne that I remember
spécialisation *f.* specialty; major field of study
se spécialiser en to major in
spectaculaire spectacular
spirituel(le) witty
squelettique skeletonlike
stage *m.* internship
sténodactylographie *f.* shorthand typing
sueur *f.* sweat
suie *f.* soot
suite *f.* continuation, follow-up
   ~ à in response to
suivre to follow
   veuillez faire ~ please forward
sujet: à son ~ about it (him, her)
superposer to place above
supplication *f.* prayer, begging
suppression *f.* elimination
supprimer to eliminate
surenchère *f.* outbidding, higher bid
surmonter to overcome
surnommer to nickname
sursaut *m.* burst, fit, jump
surveillant(e) *m./f.* supervisor
surveiller to oversee; to watch
susciter to arouse; to create

tablée *f.* tableful (of guests)
tache *f.* spot
tâche *f.* task

taille *f.* size
tanguer to pitch; to reel
tant so (much), as much (many)
taper to type
tapoter to tap, drum, strum
tel(le) such (a)
témoignage *m.* testimony, testimonial
témoigner to witness; to testify; to bear witness (to)
témoin *m.* witness
tenter to attempt; to try
terminal(e) final
   classe ~e *last year of high school*
terrain *m.* land; terrain
thème *m.* theme; (astral) chart
tiers (tierce) one-third; third
   tierce collision third-party insurance
tilleul *m.* linden tree
tirer to pull; to draw
tombe *f.* tomb
tordre to twist
toutefois however, nevertheless
trahir to betray
traîner to drag
trait *m.* characteristic
traitement *m.* treatment
   ~ de texte word processing
traiter to treat, talk about, deal with
transpirer to sweat; to come to light
tribunal *m.* court; trial
trou *m.* hole
tuerie *f.* killing

unir to unite
usé(e) worn

valeur *f.* value
   mettre en ~ to highlight; to exploit
vallée *f.* valley
vase *f.* mud
vase *m.* vase
veiller to watch over; to be careful
vendange *f.* harvest
ventre *m.* chest; belly
verdâtre greenish
verdoyant(e) verdant, green
verdure *f.* greenery
verger *m.* orchard
vernis *m.* varnish
vers *m.* verse; line of poetry

vêtir   to dress, clothe
vider   to empty
vieillard(e) *m./f.*   old person
vif (vive)   lively
vigne *f.*   vine
vilain(e)   ugly, nasty

violoncelle *m.*   cello
virgule *f.*   comma
viser   to aim for, at
vœux *m. pl.*   vows
voix *f.*   voice
volant *m.*   steering wheel

voler   to steal; to fly
volet *m.*   shutter
volonté *f.*   will
volontiers   willingly
voulu(e)   requisite, required
vraisemblable   realistic

CRÉDITS

p. 20 Foto Marburg/Art Resource, NY; p. 22 Giraudon/Art Resource, NY; p. 27 (left) Giraudon/Bridgeman Art Library; p. 27 (right) Museum Boymans-Van Beuning, Rotterdam/Superstock; p. 29 (left) Giraudon/Art Resource, NY; p. 29 (right) Lee Boltin; p. 45 Giraudon/Bridgeman Art Library; p. 47 (left) Erich Lessing/Art Resource, NY; p. 47 (right) Scala/Art Resource, NY; p. 64 Gerard Loucel/Tony Stone Images; p. 66 (left) Nimatallah/Art Resource, NY; p. 66 (top right) Louvre, Paris/Bridgeman Art Library, London; p. 66 (bottom right) Hermitage, St. Petersburg/Bridgeman Art Library, London; p. 69 (left) Andrew Brilliant; p. 69 (center) Suzanne and Nick Geary/Tony Stone Worldwide; p. 69 (right) Woodfin Camp & Associates, Inc.; p. 108 Jean Jacques Gonzales/The Image Works; p. 109 To Coullet, Imprimerie Universelle-Nice, Lycée Albert Calmette; p. 115 Marvin E. Newman/The Image Bank; p. 142 (left) Everett Collection; p. 142 (center) Archive Photos; p. 142 (right) Everett Collection; p. 148 (top left) Mark Antman/The Image Works; p. 148 (top right) Phillippe Gontier/The Image Works; p. 148 (bottom) Mark Antman/The Image Works; p. 160 Art Resource, NY; p. 165 Vincent van Gogh Foundation/van Gogh Museum, Amsterdam; p. 172 Edition G. Picard; p. 178 Editions "GUY"